Manual práctico para EL ENTRENAMIENTO

Manual práctico para EL ENTRENAMIENTO

Carlos Hernandez

**Para pedidos de copias adicionales de este libro,
por favor contacte con:**
Palibrio
1663 Liberty Drive
Suite 200
Bloomington, IN 47403
Llamadas desde los EE.UU. 877.407.5847
Llamadas internacionales +1.812.671.9757
Fax: +1.812.355.1576
ventas@palibrio.com
401608

ÍNDICE

INTRODUCCIÓN

Cuando revisamos la bibliografía referente a la planificación del entrenamiento, podemos apreciar una extensa compilación, cuando nos disponemos a buscar algún detalle en específico, sobre todo para la elaboración de planes gráficos de entrenamiento, casi todos hacen referencia al mismo, pero el novel entrenador no es capaz de encontrar alguno que explique cómo es elaborado paso a paso, se limitan a explicar aspectos generales.

Creemos que esta obra rellenará esa pequeña brecha, dando paso quizás, a la discusión, apoyo y discrepancias, lógicas de tan espinoso tema.

Para que los lectores gocen de una idea del contenido del texto, adelantamos que se exponen tres formas de elaborar un plan gráfico y después se explica con lujo de detalles de donde provinieron los porcientos que en el mismo se plasmaron y por si fuera poco, a manera de ejemplo, se incluyen las debidas operaciones matemáticas.

En la actualidad, el deporte posee enormes dosis comerciales, se ha convertido en un negocio para todos, televisoras, radio, hotelería, instalaciones deportivas, las sedes del evento y no escapan los principales protagonistas, los atletas que se entrenan con mucho esfuerzo y sacrificio en pos de alcanzar la victoria tratando de ganar e imponer mejores marcas.

Tras todo ese engranaje comercial, se encuentra también un equipo de trabajo que encamina sus esfuerzos hacia la puesta en forma del atleta, ahí encontramos fisiólogos, bioquímicos, laboratoristas, estudios biomecánicos, psicólogos y entre otros, el entrenador, responsable de planificar adecuadamente todos los esfuerzos físicos que tendrá que realizar el atleta camino a la cumbre del éxito.

Ninguno de los mencionados, es capaz de trasmitir al resto de la comunidad deportiva la forma en que su pupilo logró establecer Record Mundial, esa información es guardada en secreto, convirtiendo la llegada al triunfo en una competencia de conocimientos y tecnología donde cada equipo de trabajo se esfuerza en ser superior al otro.

En muchas ocasiones cuando un eminente y exitoso entrenador, imparte alguna conferencia sobre los logros en los entrenamientos de su atleta, esconde partes importantes o simplemente porque su "equipo de trabajo" ya ha encontrado una forma superior de alcanzar el éxito, quedando obsoleto su anterior trabajo.

En el terreno teórico, otros se dedican con esmerado esfuerzo a escribir sobre el tema y de hecho, son muchos los que lo hacen, gran parte con una experiencia enorme en el entrenamiento y que desean vertir todo su caudal de conocimientos para que llegue al alcance de los demás, pero también encontramos otros que son "entrenadores de mesa", se han dedicado a leer mucho y a repetir lo mismo que dicen otros y lo peor es que nunca han visto una pista y menos un atleta.

Ambos grupos de entrenadores, aportan elementos útiles a la comunidad deportiva, se refieren al tema de la planificación pero casi todos de forma muy general, dejando con muchas lagunas a los entrenadores noveles y a los que se auto entrenan, casi ninguno entra en detalles, por ejemplo, sobre cómo se confecciona un plan gráfico de entrenamiento y por supuesto mucho menos a ilustrar con ejemplos como se elabora.

El manual, guía o texto, como se le quiera llamar, que ustedes tienen en sus manos, cumple ese propósito, rellenar esa laguna del saber que otros han permitido, en este no se repite todo lo que se repite en mucha literatura deportiva, claro que mostramos aspectos generales que pudieran encontrarse en otros textos, pero ni aún así lo encontraran escrito de igual manera, tiene un punto de vista práctico y diferente, además muestra la forma de elaboración de los planes gráficos con lujo de detalles que no sólo lo muestra, sino, se explica y se expone con ejemplos convirtiéndolo en un material asequible incluso a los que no poseen idea alguna sobre la planificación del entrenamiento.

El contenido del texto que se encuentra en sus manos, lo llevará por el camino de la experiencia, lo aquí expuesto ha sido aplicado con éxito en atletas nóveles, es todo un recurso verdaderamente práctico, sin el apoyo del laboratorio, fisiólogos u otros, aquí, los principales colaboradores del entrenador han sido un cronómetro y una calculadora, ni siquiera un pulsómetro o una computadora, convirtiéndolo en algo que puede ser puesto en práctica hasta en cualquier terreno montañoso de los Andes.

Es plausible expresar que lo aquí escrito, se encuentra en debate en la actualidad, no es ajeno a la gran comunidad de entrenadores e investigadores del tema y, precisamente por encontrarse en la actualidad en debate, no faltarán los detractores o críticos, pero sin la participación de ellos no será posible la profundización ni alcanzar un escalón superior en esta obra.

Es indispensable para el entrenador, primero, examinar los resultados alcanzados, alcanzar el éxito y también descifrar o descubrir las razones para lograrlo. Hoy día es una realidad que un entrenador exitoso convierte a un atleta en Campeón Mundial y pasan 15 ó 20 años sin lograrlo de nuevo con otro, muchos son los factores que intervienen, no sólo forma parte el talento del atleta, en ocasiones los talentos responden diferente a los mismos métodos. Estas razones, deberán atenuar el acento crítico al texto que se expone a debate, porque por esta vía ha sido posible el éxito en muchos atletas en los deportes de atletismo y ciclismo.

CAPÍTULO 1

El Desarrollo de Las Capacidades Físicas

1.1.- FUERZA

1.1.1. Introducción. Concepto
1.1.2. Tipos de fuerza
1.1.3. Entrenamiento

1.1.1.- Introducción. Concepto.

La fuerza es una capacidad básica que cuenta con una gran influencia en el rendimiento físico de la mayoría de los deportes. No es posible realizar un movimiento sin tener que desplegar parte de ella, debido a esta razón parte la importancia de tener bien desarrollada esta capacidad.

Es necesario antes de comenzar un programa de entrenamiento para la fuerza, dirigir nuestras primeras acciones hacia levantamientos de pesos destinados a la evitación de lesiones, se trata de la realización de ejercicios de fuerza que acondicionen los ligamentos, tendones y músculos y una vez logrado, comenzar la construcción o mejoramiento de la fuerza.

Observemos que cuando los corredores alcanzan la recta final o los ciclistas en el embalaje o sprint final, después de haber recorrido una considerable distancia, gana el que más velocidad pudo aplicar teniendo en cuenta que la fuerza es considerada como elemento determinante de la velocidad del atleta.

No debemos orientar el desarrollo de la fuerza con ejercicios destinados solamente a los principales músculos agonistas que intervienen en el gesto deportivo, tenemos también que dirigirla al resto de los músculos ya que casi siempre son precisamente estos los más débiles, los que limitaran el rendimiento. Un ejemplo lo podemos apreciar en el entrenamiento de fuerza para velocistas dirigido fundamentalmente al grupo de músculos que integran los hamstrings y cuádriceps descuidando el importante papel desempeñado en las carreras por los músculos glúteos, estos últimos intervienen en las extensiones, aducciones y abducciones llegando incluso a estabilizar la extensión de la rodilla, pues si esta región muscular se encuentra débil, seguramente los hamstrings tendrán que soportar una carga extra pudiendo fatigarlos más rápidamente e incluso lesionarlos.

Gozar de un elevado nivel de fuerza también nos será útil en la evitación de lesiones, no sólo musculares sino en tendones y ligamentos, además, los atletas con un desarrollo de la fuerza máxima adecuado, mejorarán sus resultados en las carreras por la optimización de su economía. Tomemos por ejemplo un corredor de medio fondo que en su evento específico totaliza cierta cantidad de zancadas, digamos que en 1500 metros suma 920 zancadas, pues a través de un programa de fuerza máxima puede incrementar su longitud de paso y por ende, le sería mejor recorrer la distancia con una menor cantidad de estos.

Según Hoff y Helgerud, el entrenamiento de la fuerza máxima en corredores de fondo, mejora el rendimiento de la resistencia aeróbica. Para alcanzar tal criterio, sus muestras cumplieron un programa de entrenamiento para la fuerza durante 8 semanas con 3 frecuencias semanales, consistentes en la realización de 3 series de 6 repeticiones al 85% de una repetición máxima, mejorando el grupo sometido a estudio un 20.5% respecto al grupo control.

Tan vital es la fuerza, que en dos corredores con resultados similares en determinada distancia, definirá el ganador quien se encuentre más fuerte en la parte superior del cuerpo, aún cuando los niveles de fuerza en las extremidades inferiores sean similares.

Existen criterios que expresan que aquellos deportes donde predomina la resistencia no deben preocuparse mucho por el desarrollo de la fuerza, no hay dudas que no es verdad, por otra parte, si un corredor de resistencia alcanza digamos un periodo donde su rendimiento no continúa mejorando a pesar de encontrarse bien orientado el trabajo específico (resistencia especial), su merma o cese de crecimiento de su rendimiento cambiará tan pronto programe el trabajo de fuerza.

Por otra parte, en ocasiones se aprecia que el atleta no es capaz de realizar los ejercicios técnicos adecuadamente y continuamos orientando el trabajo hacia otras posibles aéreas, tales como el mejoramiento del sistema neuromuscular y aún así observamos que no alcanza el mejoramiento deseado, generalmente esto sucede cuando el atleta necesita adquirir un mayor nivel de fuerza o porque planificamos su preparación técnica antes que el de la fuerza.

Concepto. Existe una gran variedad de conceptos referente a la fuerza, nosotros la definimos como la habilidad de un músculo para ejercer una fuerza en contra de su resistencia.

1.1.2.- Tipos de fuerza.

Siempre que nos desplacemos o aceleremos, estamos aplicando una fuerza dinámica, según como lo hagamos, estaremos en presencia de tres tipos diferentes de fuerza cada uno con sus respectivos sistemas de entrenamiento.

a) Fuerza máxima: Es definida como la mayor fuerza que el sistema neuromuscular puede ejercer en una contracción máxima, o sea, la masa es máxima y por lo tanto la aceleración será pobre o mínima.

b) Fuerza explosiva: Capacidad del sistema neuromuscular que permite superar resistencias con una elevada velocidad de contracción muscular, o sea, el tamaño de la masa es pequeño y la aceleración es máxima.

c) Fuerza resistencia: Capacidad que permite superar una resistencia durante un periodo de tiempo prolongado, o sea, la masa y la aceleración se encuentran en equilibrio.

d) Fuerza absoluta y relativa.

1.1.3.- Entrenamiento

Para entrenar la fuerza, debemos considerar tres aspectos o principios inviolables:

a) Especificidad
b) Sobrecarga
c) Reversibilidad

a) Especificidad: El estímulo que deberá recibir el músculo ha de ser específico para las demandas de su evento y la adaptación a esta especificidad tiene lugar cuando los músculos son sobrecargados.

b) Sobrecarga: En la medida que el programa avance, el músculo será más fuerte y por lo tanto deberá ser sobrecargado de manera progresiva, lo que puede realizarse de varias maneras.
- Incrementando el número de repeticiones.
- Incrementando la intensidad.
- Incrementando la resistencia a vencer.
- Reduciendo los intervalos de descanso entre las series.

c) Reversibilidad: Este principio o ley se refiere a que cuando apartemos la continuidad en el trabajo de la fuerza, que pueden ser por ejemplo, la especificidad y la sobrecarga, sin duda alguna los niveles de fuerza adquiridos comenzaran a disminuir considerablemente.

No obstante, para el atleta que da sus primeros pasos en el trabajo de fuerza, es muy plausible hacerlo como lo recomienda Paish, permitiéndoles comenzar con pesos que pueda vencer en tres series de 8 repeticiones, estamos haciendo referencia a levantamientos comprendidos entre el 60 y el 70% de su fuerza máxima. No incrementar esta resistencia hasta tanto no sea vencida fácilmente. Hablando en términos de carga, esta puede encontrarse identificada por el peso y por el número de repeticiones. El programa para su desarrollo no deberá crecer si no es de manera progresiva en los microciclos de entrenamiento. Al respecto varios métodos pueden ser ejecutados, nosotros en los atletas noveles recomendamos dos microciclos (2 semanas) incrementando las cargas y una tercera para mantener lo alcanzado permitiendo con ello la regeneración del organismo.

Muchos entrenadores utilizamos las colinas para mejorar la fuerza y la capacidad de trabajo de los atletas quedando sin definir cuál sería la distancia idónea para ello, al respecto hace ya casi 30 años, Numekivi (1977) experimentó con distancias de 150 metros y de 400 metros corridas a 4.4 m/s, tomando como conclusiones que los 150 metros no son eficientes para el desarrollo de la capacidad aerobia máxima y que realizar 10 tramos de 400 metros gozaba de un carácter mixto (aerobio-anaerobio).

Otro criterio polémico se refiere acerca del desarrollo de la potencia muscular al depender esta del mejoramiento de la fuerza máxima, Schroder dejó claro que la fuerza y la potencia deben desarrollarse paralelamente ya que según las investigaciones realizadas de esa forma se observan mejores resultados.

Precauciones en el trabajo de fuerza con levantamientos de pesos:

- Levantar pesos, sólo después de haber realizado un calentamiento adecuado.
- Debajo de los pesos no debe encontrarse ningún atleta.
- El atleta no debe realizar los levantamientos de pesos sin un acompañante y mucho menos cuando se trate de sesiones de fuerza máxima.
- No debe encontrarse el estómago lleno.

El comienzo de las sesiones con levantamientos de pesos ha de ser con ejercicios destinados a enseñar la técnica de realización y familiarización con los implementos.

Mantenimiento de la fuerza.

Una vez alcanzado el nivel de fuerza deseado en el organismo del atleta, es necesario preservarlo, la fuerza se pierde en un periodo de tiempo más corto que el empleado en adquirirla, no obstante, la pérdida de fuerza estará condicionada al tipo de actividad que realice el atleta, si es poco activo la perderá más rápidamente.

Se observan considerables mejoras en la fuerza cuando la entrenamos 3 veces a la semana (frecuencia 3) y para conservarlas, son suficientes 2 frecuencias.

Por último, exponemos ciertos criterios para la intensidad en el entrenamiento de levantamientos de pesos.

	% Fuerza máxima	Repeticiones	Series
Fuerza máxima	+90	1-3	6-8
Fuerza + Resistencia muscular	75-85	4-10	4-5
Resistencia muscular	65-75	12-20	3-4

1.2.- RESISTENCIA

1.2.1.- Concepto
1.2.2.- Clasificación

1.2.1.- Concepto. Existen muchas definiciones de resistencia, nosotros preferimos la de Weineck que expresa "Capacidad física y psíquica que posee un deportista para resistir la fatiga". En lo particular preferiría sustituir la palabra deportista por individuo, debido a que el concepto de Weineck infiere que los que no son deportistas no la tienen, cualquier individuo tiene resistencia, poca o mucha, pero se le ajusta el concepto.

1.2.2.- La resistencia se clasifica en resistencia aerobia y resistencia anaerobia, esta última a su vez puede ser aláctica o láctica.

- Resistencia aerobia. Cuando encaminamos el entrenamiento físico al desarrollo del componente aerobio, no debemos superar el 75% del consumo máximo de oxigeno (VO2max) del atleta, ya que de ser superado el suministro energético desde el sistema anaerobio sería estimulado considerablemente. Nuestra experiencia en corredores de largas distancias, hemos observado beneficios en carreras entre el 55 y el 75% del VO2max del atleta, coincidiendo al respecto con la experiencia de otros entrenadores ya que las carreras por debajo del 55% no aportan el estímulo deseado para recibir los beneficios oxidativos que pretendemos obtener, carreras superiores al 75% incrementan demasiado la actividad del sistema anaerobio lactácido.

Necesidades aeróbicas-anaeróbicas de las carreras de largas distancias.

Distancia (metros)	Necesidades aerobias %	Necesidades anaerobias %	Velocidad %
42,195	90	5	5
10,000	80	15	5
5,000	70	20	10
3,000	40	40	20
1500	25	55	20
800	5	65	30

1.3.- VELOCIDAD

1.3.1.- Concepto
1.3.2.- Entrenamiento

1.3.1.- Concepto de velocidad.

Capacidad de movimiento de una parte o de todo el cuerpo humano a la mayor velocidad posible.

1.3.2.- Entrenamiento.

Cuando comenzamos un programa destinado a mejorar la velocidad, debemos tener en cuenta tres aspectos:

a) Especificidad
b) Intensidad
c) Duración

La especificidad es un indicador con enorme influencia del entrenamiento sobre el organismo del atleta y sus métodos podemos clasificarlos en dos grupos, específicos y no específicos, en el primero de ellos los ejercicios específicos son similares a las fuentes de suministro energético que son empleados en las competiciones y son los encargados de preparar al organismo para el desarrollo de la velocidad máxima y la resistencia a la velocidad entre otras; en el segundo grupo, o sea, los ejercicios no específicos son utilizados como componentes de la preparación física general del atleta y por lo tanto su efecto sobre el rendimiento se encuentra limitado. Entre algunos ejercicios no específicos para un velocista contamos con las carreras a campo traviesa y los trabajos con levantamientos de pesos.

-   Interacciones de trabajo.

Para establecer un efecto de entrenamiento deseado ha de observarse que las actividades físicas respeten las interacciones para recibir resultados positivos, se ha planteado que las siguientes combinaciones de ejercitaciones aportan rendimientos adecuados al organismo del velocista:

a) Entrenamiento anaerobio aláctico seguido por un entrenamiento anaerobio glicolítico.

b) Entrenamiento anaerobio aláctico seguido por un entrenamiento aerobio.

c) Entrenamiento anaerobio glicolítico seguido por un entrenamiento aerobio.

Respecto a la intensidad a exigir en las carreras, ha sido común dividir el nivel de esfuerzo como sigue:

Intensidad máxima:	96-100%
Intensidad submáxima:	90-95%
Intensidad grande:	81-89%
Intensidad media:	-80%

Acerca de la duración de un entrenamiento, no debemos olvidar que para establecer un entrenamiento óptimo para el desarrollo de la velocidad, los esfuerzos deben mantenerse cercanos a la máxima velocidad y respecto a la distancia a recorrer dependerá de las características individuales. Otro factor a tener en cuenta es el tiempo de recuperación entre las repeticiones que no deberá ser muy grande para no perder la excitación del sistema nervioso ni tan pequeños que no permitan que las pequeñas producciones de ácido láctico se resinteticen.

Se han establecidos tiempos idóneos de recuperación oscilantes entre los 3 y 6 minutos.

El entrenamiento de la velocidad ejerce sobre el sistema nervioso una enorme influencia, por tal motivo deberá ser la primera actividad a realizar después del calentamiento, la razón es sencilla, después de actividades fatigantes, el sistema nervioso también lo estará y por lo tanto las conducciones nerviosas habrán perdido enorme velocidad en sus impulsos.

Recomendaciones a tener en cuenta para el trabajo de velocidad.

- No realizar trabajos de velocidad muy exigentes en horas de la mañana.
- No proceder a entrenamientos de velocidad en condiciones fatigantes.

1.4.- FLEXIBILIDAD

1.4.1.- Las articulaciones.
1.4.2.- Mecanismos de la contracción muscular.
1.4.3.- Entrenamiento de la flexibilidad.
1.4.4.- Proceso de enseñanza a los alumnos.

1.4.1.- Las articulaciones.

El cuerpo humano goza de una enorme cantidad de movimientos donde solo algunas articulaciones presentan ciertas limitaciones tales como ocurre con el codo y la rodilla, estas están diseñadas para realizar movimientos en un solo plano, tal y como lo hacen las bisagras que sostienen nuestras puertas y ventanas aunque en el caso de la articulación de la rodilla, Prives plantea que también es posible la rotación, argumentando que los movimientos de flexión y extensión de la misma se realizan alrededor del eje frontal, que en la flexión, los meniscos se distienden y los ligamentos laterales se relajan al acercarse a sus puntos de inserción lo que permite que la rodilla en posición flexionada pueda rotar alrededor de eje longitudinal. En la rotación medial los ligamentos cruzados dificultan el movimiento pero en la rotación lateral estos ligamentos se relajan. No obstante el criterio de tan prestigioso fisiólogo, no logra permitirnos establecer una igualdad de movimientos entre la articulación de la rodilla y por ejemplo, la de los hombros.

En cualquier parte del organismo que dos huesos entren en contacto, estos se encuentran cubiertos de un cartílago, un material diseñado para reducir la fricción y habrá un espacio articular bien protegido, digamos encerrado por una cápsula articular, tejido responsable de secretar fluido o líquido sinovial para mantener dicha articulación bien lubricada. A su vez, esta cápsula articular se encuentra rodeada por unos tejidos fibrosos muy fuertes conocidos como ligamentos que no permiten la separación de la articulación afectando también el rango de movimiento de la misma.

Cuando una articulación es sometida a un entrenamiento de flexibilidad, pueden ocurrir dos cambios, uno a corto plazo donde el logro alcanzado después de la sesión de entrenamiento es rápidamente reversible tal y como se aprecia en las mejoras obtenidas después de un calentamiento adecuado y otro a largo plazo, visto en varias semanas o meses.

Siempre que realicemos estiramientos, un cambio se observará en dicha área, pero nuestro organismo tratará siempre de intentar regresar los cambios originados a su lugar original, pero si los cambios acontecen de manera reiterada la posición original no será alcanzada y gradualmente se observan mejoras en la amplitud del movimiento. Tan pronto cesen los entrenamientos de flexibilidad o estiramientos, comenzará todo a regresar a sus posiciones iniciales, mientras más sistemático se realicen dichos ejercicios, menores serán las pérdidas en los cambios.

Los movimientos de las articulaciones siempre se realizan en direcciones opuestas, o sea, movimientos de extensión y flexión o abducción y aducción y participan músculos conocidos como antagonistas, lo que quiere decir que cuando actúa un músculo o grupo de músculos flexores, a la vez se encuentran en acción músculos extensores, cediéndose gradualmente unos a los otros, de manera que cuando por ejemplo, actúa un flexor, entonces el extensor le permite gradualmente el movimiento frenando la contracción excesiva del mismo asegurando un límite.

1.4.2.- Mecanismos de la contracción muscular.

Las contracciones musculares son posibles debido a los impulsos en el sistema nervioso central (SNC), o sea, los músculos y este sistema se encuentran relacionados por medio de nervios: los aferentes que trasmiten el impulso hacia el SNC y los eferentes que son los que trasmiten al músculo la excitación nerviosa.

En los músculos encontramos dos partes: el cuerpo que se contrae activamente y el tendón con características pasivas. El metabolismo es diferente en músculos y tendones, estos últimos cuentan con un menor metabolismo y su vascularización es más pobre.

Los profesores debemos tomar precauciones cuando encaminamos un trabajo de preparación de fuerzas a nuestros alumnos, debemos tener presente que los músculos progresan más rápidamente que los tendones y por ello hay ocasiones en que consideramos prácticamente imposible que cierto atleta con determinada masa muscular sea susceptible a lesiones. Al respecto Guyton expresa que la fuerza máxima de contracción de un músculo con una longitud normal está estimada en unos 3,5kg por centímetro cuadrado o 50 libras por pulgada cuadrada, el cuádriceps que en ocasiones puede alcanzar 16 pulgadas cuadradas de cuerpo muscular podría aplicar al tendón rotuliano hasta 360kgs de tensión y por ello es posible que esta fuerza desplegada por el músculo pueda arrancar el tendón de inserción.

1.4.3.- Entrenamiento de la flexibilidad.

Para comenzar el entrenamiento de la flexibilidad lo primero que debemos tener en cuenta será la cantidad de clases que dispondremos a la semana, esta frecuencia tendrá que ser óptima. Observando las particularidades de los alumnos, entre 3 y 6 clases semanales puede que sea suficiente, no obstante existen ocasiones en que estos no pueden asistir a todas las clases, razón por la que se impone la realización de trabajos para la casa.

Acerca de la selección de los ejercicios para las sesiones de entrenamiento, no debemos ejecutar siempre los mismos, pues llegará el momento en que no les proporcionará ningún beneficio, las exigencias deberán crecer progresivamente. Por otra parte, reviste gran importancia el desarrollo uniforme de todos los grupos musculares, ya que el desarrollo armónico de estos es una premisa para la formación de una figura correcta.

Sobre la metodología para la selección de ejercicios en la unidad de entrenamiento se sugiere tener presente lo siguiente:

- Realizar ejercicios de calentamiento antes de la ejecución de movimientos de extensión, de no ser así, las extensiones estarán limitadas.

- No realizar ejercicios para los mismos músculos reiteradamente debiéndose alternar los mismos para otros grupos musculares evitando con ello el agotamiento de determinado músculo o grupo de músculos.

- Cuando vayamos a dirigir dos ejercicios para un mismo plano muscular, el segundo deberá encaminarse a los músculos antagónicos del primero, mejorando con ello el desarrollo muscular.

- Realizar ejercicios de estiramientos después de cada ejercicio destinado al desarrollo de la fuerza.

a) Calentamiento. Es altamente recomendable antes de comenzar las sesiones de estiramientos o flexibilidad, realizar un calentamiento adecuado considerando dos partes, una primera dedicada a la rotación de las articulaciones y una segunda destinada a una actividad aeróbica cuya finalidad es elevar la temperatura del organismo y con ello el del resto de los fluidos. No es difícil observar un menor grado de flexibilidad con el cuerpo "frío", otras razones que obstaculizan la flexibilidad es realizar los ejercicios después de haber ingerido alimentos y la razón es consecuencia del pobre abastecimiento de sangre a los músculos ya que el proceso digestivo realiza grandes solicitaciones de la misma, también habrá poca flexibilidad al concluir una ejercitación física extenuante ya que las principales causas de la fatiga se encuentran relacionadas con la alteración de la actividad de los mecanismos de suministro energético disminuyendo la excitabilidad de los músculos (Menshikov).

b) Relación entre fuerza y flexibilidad. Abundan criterios errados sobre la posibilidad de interacción negativa entre la fuerza y la flexibilidad cuando realmente debiera contarse con una opinión contraria ya que los ejercicios que desarrollan la flexibilidad fortalecen de manera simultánea las articulaciones, ligamentos y fibras musculares. Es posible que los criterios errados acerca de la influencia negativa de la flexibilidad sobre la fuerza encuentren la base en los errores metodológicos para el entrenamiento de las mismas, no se puede dudar que el entrenamiento de ambas capacidades deben desarrollarse paralelamente, no puede esperarse un rendimiento óptimo de una de ellas si estamos desarrollando exclusivamente la otra.

c) Importancia de la flexibilidad. La insuficiencia de la flexibilidad en nuestras articulaciones provoca:

-   Afectación en el desarrollo de la fuerza.
-   Incrementa la posibilidad de aparición de lesiones.
-   Entorpece la asimilación de movimientos técnicos que exigen amplios movimientos articulares.
-   Cuando el alumno se encuentra limitado referente a su amplitud de movimientos, deberá desplegar un esfuerzo considerablemente mayor en la consecución del objetivo por lo que el gasto de energía será superior provocándole la aparición de la fatiga tempranamente.

d) Peligros.
    Cuando sometemos un músculo a la realización de estiramientos, alcanzado determinado punto, comienza a sentirse un dolor que incrementa su intensidad

proporcionalmente a las mayores exigencias en el estiramiento. Tan pronto se elongue el músculo por medio de una trasmisión nerviosa alcanza la médula espinal y por ende el sistema nervioso central, provocando en el mismo una contracción refleja inmediata con el objetivo de regresar el músculo a su posición original o en un rango de menor estiramiento.

Las terminaciones nerviosas presentes en el músculo, al detectar la compresión o excesiva tensión la interpretan como dirigidas a provocar un daño en el lugar, por ello su respuesta es mediante el "ordenamiento" de una contracción muscular fuerte, esta tensión excesiva en el músculo también es detectada en las terminaciones nerviosas presentes en los tendones las que provocan un efecto directo en las neuronas de los músculos que están en tensión previniéndolo mediante la contracción anteriormente mencionada.

No debe bajo ninguna circunstancia, obligarse a la ejecución de ejercicios de estiramiento o flexibilidad con sensaciones de dolor, la inmensa mayoría de los especialistas consideran que el movimiento puede realizarse con una sensación de dolor tolerable (muy baja). No será posible estirar un músculo más allá después de aparecer la sensación dolorosa y esto precisamente por la contracción muscular que provocará la misma.

Test

La flexibilidad puede ser pasiva y activa, en esta última el ejecutante alcanza cierta amplitud sin ayuda, observando con ello las posibilidades de elongación (estiramiento) de los músculos antagónicos y la fuerza de los agónicos. Por el contrario, si para alcanzar la máxima amplitud goza de la ayuda de un compañero, estamos en presencia de la flexibilidad pasiva. Teniendo en cuenta ambos tipos de flexibilidad, podemos tomar en consideración que la diferencia entre la máxima extensión lograda en la flexibilidad activa y la pasiva puede ser muestra del desarrollo alcanzado en esta capacidad.

1.4.4.- Proceso de enseñanza a los alumnos.

La enseñanza de los ejercicios, cualesquiera que sean, el profesor, instructor, personal trainer o entrenador, deberá en la medida que estos se orienten, crear en los ejecutantes conceptos claros, esta es una importante tarea en la formación de hábitos de movimientos concretos, no deben obviar la utilización de la terminología adecuada para cada ejercicio por el papel que juega en el proceso de enseñanza.

Para la formación de hábitos de movimiento concretos se sugieren los siguientes métodos:

- Nombrar cada ejercicio según su nomenclatura terminológica.
- Mostrar la técnica de ejecución del ejercicio.
- Explicar la técnica de ejecución.
- Permitir que los alumnos realicen el ejercicio.
- Presentación de medios auxiliares como material didáctico (poster, vídeo u otros).

Capítulo 2

Planificación del Entrenamiento

2.1.- EL PLAN ESCRITO

El Plan Escrito forma parte de los documentos de la planificación y constituyen evidentemente una fundamentación del Plan Gráfico.

Al respecto no es muy abundante la literatura que se refiere a este tipo de plan, sin embargo, los entrenadores cubanos lo elaboran, orientado por el Departamento de Teoría y Metodología del Entrenamiento Deportivo del Instituto Superior de Cultura Física de Ciudad de La Habana, departamento que ha dejado bien establecido los aspectos contentivos de este.

Antes de exponer estos aspectos, es importante aclarar, la flexibilidad que tienen estos planes, lo que aquí se planteará no es una forma rígida, no es una ley y tampoco deben establecerse para todos los niveles por igual, sin embargo es plausible tenerlos en cuenta evitando echar a un lado alguno de ellos.

Aspectos a tener en cuenta para la elaboración del Plan Escrito. Del macrociclo anterior:

1. Análisis crítico del macrociclo que concluye. Este análisis deberá responder los siguientes aspectos:

a) ¿Cuántos alumnos y que nivel tenían al iniciar el presente macrociclo? (en caso que sea un grupo). Si se tratase de un atleta en particular, especificar el nivel con que inicia el nuevo macrociclo.

b) Objetivos del macrociclo anterior y los resultados obtenidos. Reflejar los resultados de la competencia fundamental, pudiendo a modo de enriquecer este acápite incluir los resultados obtenidos en topes o competencias preparatorias.

c) Detallar el entrenamiento planificado.
- Volumen total realizado (especificar plan anual planificado, plan real y porcientos de cumplimiento).
- Breve análisis acerca del desarrollo de las diferentes direcciones (capacidades) del entrenamiento.
- Justificar las causas de los objetivos que fueron incumplidos y del trabajo planificado.

Del nuevo macrociclo:

2. Determinación de la competencia fundamental y topes preparatorios. Puede abordarse los motivos por los cuales se señala determinada competencia como fundamental. De igual forma se deben plasmar los objetivos perseguidos en los topes, confrontaciones y competencias.

3. Pronósticos. Se procederá a la emisión de un pronóstico competitivo.

4. Caracterización del atleta o grupo de atletas y de los recursos materiales disponibles:
   a) Caracterización de los deportistas.
   - Edad, categoría, estado de salud, nivel deportivo y en caso de tratarse de deportes colectivos, especificar posición que ocupa en el campo de juego y en otras especialidades deportivas, cinta, división, disciplina atlética (ejemplo, 400 metros planos).

b) Caracterización de los recursos materiales disponibles.

- Instalaciones, implementos, recursos auxiliares, disponibilidad de tiempo de los atletas y de las instalaciones para realizar los entrenamientos.

6. Análisis de los principales adversarios.
7. Especificar tiempo disponible hasta la competencia fundamental (número de semanas, días).
7. Objetivos y tareas de las direcciones de entrenamiento orientadas en el macrociclo. Deberá especificarse también el incremento porcentual del volumen de carga de entrenamiento respecto al macrociclo recién concluido.

Señalar fecha de inicio y de terminación de cada dirección de entrenamiento.

Objetivos y tareas correspondientes al trabajo educativo.

8. Determinación cronológica de los diferentes períodos y etapas.
9. Determinar los diferentes mesociclos y caracterizarlos (objetivos, duración, métodos y medios).
10. Determinar los tipos de microciclos que comprenderá cada mesociclo y caracterizarlos (objetivos y duración).
11. Confeccionar el calendario de las pruebas pedagógicas, pruebas médicas y competencias preparatorias.
12. Requerimientos mínimos. Deberá especificarse lo que se necesitará para el cumplimiento de los objetivos propuestos.

2.2.- PLANIFICACIÓN SEGÚN ORIENTACIÓN POR RANGOS.

El Plan Gráfico puede ser confeccionado de varias formas, razón por la que explicaremos algunos de los existentes.

En este sentido destinaremos dos para aquellas disciplinas individuales y que contemplan pocas competencias (por rangos y por porcientos) y otro a nuestro modo de ver, ideal para competiciones duraderas (según las Campanas Estructurales) como son las llevadas a cabo por la mayoría de los juegos con pelotas, tales como el fútbol (soccer), fútbol americano, rugby, voleibol, baloncesto y béisbol.

El Plan Gráfico contempla una metodología para su elaboración o confección. Al consultar la literatura observamos que hay autores que lo resumen en 6 ó 7 aspectos, no quedando claro para los entrenadores novatos o para los que se autoentrenan la elaboración de ellos. Por tal motivo nosotros, con el ánimo de aclarar lo más posible, hemos fraccionado algunos de estos aspectos, pareciendo más largo el camino a recorrer para su elaboración.

El Plan Gráfico en sí, es la representación cronológica del proceso de entrenamiento que se realizará, debiendo contar con los meses, semanas, días, microciclos, mesociclos, periodización, las direcciones de entrenamiento y la distribución de las cargas para estas direcciones. Deben aparecer también las pruebas médicas que se intentan realizar para precisar el grado de salud del deportista, las pruebas físicas, técnicas, teóricas y psicológicas.

En el encabezamiento del Plan Gráfico ha de especificarse algunos datos que ilustren otros importantes detalles, tales como: deporte, categoría (división o disciplina), nombre del atleta o del equipo, nombre del entrenador y otros que considere oportuno resaltar.

Aspectos a tener en cuenta para la elaboración de un Plan Gráfico de entrenamiento (según orientación por rangos).

1.- Conocer el calendario de competencias. Es imposible confeccionar algún plan si no sabemos hacia donde se dirige. A tal efecto deberá quedar bien clara la fecha de la competencia o competencias fundamentales e incluso las preparatorias.

Para alcanzar un elevado rendimiento, es muy importante que se participe en competencias, estas nos alertan sobre el cumplimiento de los objetivos propuestos en el macrociclo, o sea, cómo se comportan hasta ese momento el desarrollo de las direcciones (capacidades), pero también pueden las competencias significar la terminación de todo un plan.

Las competencias pueden considerarse de 2 tipos: las preparatorias y las fundamentales, las primeras nos sirven para llevar a cabo un entrenamiento que forma parte de ciertos ciclos en el plan anual o macrociclo, las segundas por su parte determinan en el futuro como serán enriquecidos los macrociclos y pueden ser competencias eliminatorias (clasificatorias) de Campeonatos Nacionales e Internacionales, Campeonatos Mundiales o Juegos Olímpicos u otras.

Es importante participar en competencias preparatorias ya que en los entrenamientos no acontecen las situaciones que se presentan en las mismas y hay una serie de variables presentes que incluso cambian de una a otra tales como, los contrarios no son los mismos, el evento tácticamente se desenvuelve diferente y la propia excitación es diferente. En resumen participar en competencias preparatorias enseña y "cura" al atleta sobre como adaptarse a las condiciones creadas en cada una de ellas.

2.- Precisar la cantidad de semanas con que disponemos. Deberá cuadricularse una hoja que contemple 2 filas horizontales, una para enumerar las semanas y la otra para señalar los días de la semana que le corresponden a cada una de ellas.

Como la fecha señalada para la competencia fundamental no la podemos cambiar, es impuesta por los organizadores del evento, toda la organización y la planificación del macrociclo estarán en función de ella. Sí podemos determinar y situar en cuáles semanas participaremos en competencias preparatorias o topes con otros atletas.

Deseamos aclarar que el Plan Gráfico no culmina con la competencia fundamental, sino debe comprender también el período de tránsito o recuperatorio.

3.- Delimitar los meses.

4.- Definir claramente la periodización, mesociclos y microciclos.

Periodización: Es la compartición de todo el ciclo en partes, por ejemplo, períodos preparatorio (s), competitivo (s) y transitorio (s). Esta compartición o subdivisiones pueden establecerse una o dos veces en un mismo macrociclo, o sea, en el año, lo más usual es que en los períodos largos tal como el preparatorio, este sea a su vez subdividido en etapas, una general y otra especial, a cada período y a cada etapa le deberá corresponder un objetivo específico del cual se desprenderán tareas, los medios y el sistema metodológico a emplear.

Etapas

a) Etapa general: En ella comienza el desarrollo de las direcciones de entrenamiento del deporte en cuestión, por ejemplo, las carreras de resistencia para los corredores en atletismo, remo, canotaje, lucha, boxeo y otros, mientras que para los lanzadores de implementos en el atletismo puede darse la prioridad a la fuerza máxima y rápida. No obstante, existe en esta etapa un determinado porciento de medios especiales debido a que al finalizar la misma, los atletas deben haber alcanzado elevados rendimientos en su disciplina específica. Con las pruebas realizadas para determinar tales rendimientos, podrán determinarse los resultados a que aspiramos en el período competitivo.

b) Etapa especial: Se trata de una etapa que enlaza con el período competitivo, no se obvian las direcciones de entrenamiento de la etapa anterior, sino que continúan desarrollándose. Las diferencias fundamentales son vistas en la disminución del volumen para los medios generales para dar paso a los especiales, o sea, las cargas específicas son incrementadas. Destacamos que la carga total entre ambas etapas debe guardar similar proporción, culminada la etapa o en la primera parte del período competitivo, los atletas deben mostrar los mejores rendimientos alcanzados en el macrociclo anterior.

Mesociclos: Los mesociclos comprenden varios microciclos, generalmente agrupan entre 2 y 6 de estos y su duración aproximada oscila 30 días.

Los microciclos que se agrupan en cada mesociclo gozan de objetivos comunes y la estructura de los mismos es de similar construcción.

Los mesociclos pueden ser de variados tipos.

a) Entrantes
b) Básicos
   - De carácter desarrollador
   - De carácter estabilizador.
c) Preparatorios de control.
d) Pre competición
e) Competición
f) Restablecimiento mantenedor.
g) Preparatorio de restablecimiento.

a) Mesociclos entrantes: Este tipo de mesociclo inicia el período preparatorio del macrociclo. La intensidad de las cargas es mucho menor que en la del resto de este período y las cargas, aunque también disminuidas comparativamente, si pueden alcanzar ciertos valores de consideración. Un rasgo distintivo de este tipo de mesociclo son los ejercicios de preparación general que en el predominan.

Ejemplo de microciclos para este tipo de mesociclo: Ordinario-Ordinario-Ordinario-Recuperatorio.

b) Mesociclos básicos: Estos mesociclos son los principales que componen el período preparatorio de un macrociclo. Los sistemas metodológicos de este van encaminados a incrementar las posibilidades funcionales del organismo del atleta. Según su contenido pueden servirnos en la preparación general o especial del macrociclo y según el efecto que ejercen sobre las cargas de entrenamiento pueden clasificarse como desarrolladores o estabilizadores.

-   Mesociclos desarrolladores. Se utilizan cuando hay necesidad de elevar la capacidad del trabajo del atleta a un plano superior. Generalmente este tipo de mesociclo es utilizado alternadamente con los mesociclos estabilizadores.
-   Mesociclos estabilizadores. Empleamos este mesociclo cuando consideramos necesario no continuar incrementando las cargas que veníamos proporcionándole al atleta y con ello permitimos una adecuada posibilidad de adaptación al organismo del atleta a las mismas.

Agrupar microciclos para este tipo de mesociclo (de 4 semanas) puede quedar así:

-   Para un mesociclo de carácter desarrollador, Ordinario-Choque-Choque-Recuperación
    Para un mesociclo estabilizador;
    Ordinario-Aproximación-Competición-Recuperación

c) Mesociclo preparatorio de control. Casi siempre este tipo de mesociclo está situado entre los mesociclos básicos y los de competición, en estos, se observa que junto a las cargas de entrenamiento, el atleta encuentra competencias las que le sirven de control, ya que las ideas tácticas planificadas son llevadas a la práctica y es posible observar posibles fisuras que tendrán que ser resueltas antes de la competencia fundamental.

5.- Determinamos las direcciones a desarrollar en el plan anual, nos referimos a las capacidades que vamos a orientar. Aquí a manera de ejemplo, solo citaremos la resistencia aerobia, resistencia de fuerza, resistencia de la velocidad, velocidad, fuerza especial y flexibilidad.

6.- Considerar la relación de trabajo para los diferentes períodos. Existe una tendencia a observar cierta relación de trabajo entre los períodos por los cuales está formado un macrociclo. Una relación o proporción de que por cada semana de período competitivo correspondan 3 semanas de preparación especial y 3 ó más de preparación general es muy plausible.

Algunos entrenadores para estructurar los períodos preparatorio y competitivo le asignan entre un 10 y un 20% al período competitivo, 10% al período de tránsito y entre un 70-80% al período preparatorio.

En atletas de categorías pequeñas es aconsejable una asignación de un 10% para el período competitivo, en el caso de los atletas mayores con solo 2 macrociclos en el año, la tendencia más universal es asignarle 60% del total de semanas del año al primer macrociclo y el 40% al segundo.

Del mismo modo, del total de la cantidad de semanas correspondientes al primer macrociclo, se sugiere dedicarles un 70-80% al período preparatorio y un 20-30% al período competitivo y en el segundo macrociclo destinar algo más para el competitivo y un 10% para el período de tránsito o recuperatorio.

Con los datos aquí expresados, si contamos con 29 semanas, un plan anual con 2 macrociclos quedaría distribuido así:

Macrociclos	Macrociclo I		Macrociclo II		
C/de semanas	17		12		
Períodos	Preparatorio	Competitivo	Preparatorio	Competitivo	Tránsito
% por período	70	30	50-60	40-30	10
C/de semanas	12	5	6-7	5-4	1

Tabla No.1

7.- Orientar el contenido porcentual a las direcciones o capacidades que hemos determinado para el macrociclo. Ha de respetarse que los incrementos de las cargas de un mesociclo a otro no oscilen más allá del 10-30%. Ejemplo para la capacidad, Resistencia Aerobia.

Mesociclos	I	II	III	IV	V	VI	VII	VIII	IX
Porcientos	90	95	100	90	80	70	60	50	90
Rango (km)	12	13	14	12	9	7	5	4	12

Tabla No.2

8.- Precisar la frecuencia de cada Dirección que se impartirá en cada semana. Cuando planificamos por rangos, nos encontramos con la obligación de determinar modelos de microciclos para la distribución de cada una. Un ejemplo de este tipo de distribución por mesociclo pudiese quedar de la siguiente manera:

PERIODO PREPARATORIO GENERAL (MESOCICLOS I, II, III, IV)					
LUNES	MARTES	MIÉRCOLES	JUEVES	VIERNES	SÁBADO
Técnica	Fuerza	Velocidad	Técnica	R. Velocidad	Técnica
Flexibilidad	R. Fuerza	Flexibilidad	Fuerza	R. Aerobia	R. Fuerza
R. Aerobia		R. Aerobia		Flexibilidad	

Tabla No.3

PERIODO PREPARATORIO ESPECIAL (MESOCICLOS VI, VII)					
LUNES	MARTES	MIÉRCOLES	JUEVES	VIERNES	SÁBADO
Velocidad	Técnica	Fuerza	R. Velocidad	Velocidad	R. Aerobia
Flexibilidad	Velocidad	R. Fuerza	Técnica	R. Fuerza	Flexibilidad
R. Fuerza	R. Aerobia		Flexibilidad		R. Fuerza

Tabla No.4

PERIODO COMPETITIVO (MESOCICLO VIII)					
LUNES	MARTES	MIÉRCOLES	JUEVES	VIERNES	SÁBADO
Técnica	Fuerza	R. velocidad	R. Velocidad	Velocidad	R. Aerobia
R. Velocidad	R. Fuerza	R. Aerobia		Técnica	Flexibilidad
		Flexibilidad			

Tabla No.5

Todos los ejemplos son hipotéticos, son útiles solamente para acompañar las argumentaciones.

9.- Situar los rangos a cada capacidad según corresponda al contenido porcentual. Pongamos por ejemplo a la capacidad Resistencia Aerobia.

ELEMENTOS DEL RANGO		KILÓMETROS	PORCIENTOS
Máximo	5	13-15	91-100
Submáximo	4	10-12	81-90
Medio	3	7-9	71-80
Pequeño	2	4-6	61-70
Mínimo	1	3	50-60

Tabla No.6

Dado el caso que el contenido no se exprese en kilómetros, sino en minutos, tal como la flexibilidad o la fuerza general cuando no se planifica por tonelaje, se realiza de una forma similar.

ELEMENTOS DEL RANGO		MINUTOS	PORCIENTOS
Máximo	5	30-35	91-100
Submáximo	4	25-30	81-90
Medio	3	20-25	71-80
Pequeño	2	15-20	61-70
Mínimo	1	10-15	50-60

Tabla No.7

10.- Situamos el volumen para cada capacidad o dirección (rango por sesiones), continuemos tomando como ejemplo la resistencia aerobia.

Mesociclos	I	II	III	IV	V	VI	VII	VIII	IX
Frecuencia semanal	3	3	3	3	3	2	2	2	2
Cant. semanas	3	4	4	4	3	3	3	3	2
Cant. sesiones	9	12	12	12	9	6	6	6	4
Contenido porcentual	90	95	100	90	80	70	60	50	90
Rango	12	13	14	12	9	7	5	4	12
Volumen (km)	108	156	168	144	81	42	30	24	48

Tabla No.8

Las sesiones se determinan multiplicando la cantidad de veces que se va a impartir la capacidad por su frecuencia. Tomando el mesociclo No.I de la tabla anterior, al multiplicar la frecuencia semanal de la capacidad aerobia por la cantidad de semanas del mesociclo, da un resultado de 9 sesiones.

El contenido porcentual (90, 95, 100...) es determinado por el entrenador. Cada capacidad o dirección debe contar con su propia distribución porcentual.

El rango es seleccionado también por nosotros, donde al 100% le asignaríamos un rango comprendido en el máximo, o sea, entre 13 y 15 kilómetros.

El volumen se determina mediante la multiplicación del rango por la cantidad de sesiones, ejemplo:

Mesociclo I
9 sesiones × 12 (rango) = 108km

11.- Distribuimos el volumen correspondiente a las capacidades de los mesociclos en las semanas que lo compone. A manera de ejemplo, distribuiremos semanalmente el volumen de la resistencia aerobia en el mesociclo I, que cuenta con 3 semanas y nosotros habíamos determinado otorgar como dinámica un 2 : 1, o sea;

2 + 5 + 3 = 10 (20 + 50 + 30 = 100)
108km × 20% ÷ 100% = 22km
108km × 50% ÷ 100% = 54km
108km × 30% ÷ 100% = 32km

Esto quiere decir que para la primera semana corresponderá 22km, para la segunda 54km y para la tercera 32km.

12.- Distribuimos los volúmenes de la semana según la frecuencia. Habíamos decidido anteriormente la frecuencia a utilizar para cada dirección, pues corresponde ahora señalar las dinámicas empleadas para los días de una semana según corresponda con esa frecuencia. Veámoslo con un ejemplo.

Si es frecuencia 2, o sea, que en una semana habrán dos días para impartir la dirección determinada, podrá llevarse a cabo de alguna de las siguientes maneras:

- 70-30%
- 50-50%
- 60-40%

Si es frecuencia 3: 28-32-40%
           4: 22-24-26-28%
           5: 16-18-20-22-24%
           6: 10-14-16-18-20-22%

Continuando con el ejemplo de la resistencia aerobia, ya sabemos que para la primera semana había frecuencia 3 y un volumen total de 22km. Al ser frecuencia 3, tomamos el porcentaje descrito (28-32-40%).

22km × 28% ÷ 100% = 6km
22km × 32% ÷ 100% = 7km
22km × 40% ÷ 100% = 9km

Esto quiere decir, que para la primera frecuencia de la semana, corresponderá el cumplimiento de 6km, para la segunda 7 y para la tercera 9km.

13.- Seleccionamos las dinámicas a utilizar y enumeramos los mesociclos. Debemos considerar que los macrociclos han de respetar los principios del entrenamiento deportivo, jugando un importante papel para el cumplimiento de los mismos el tipo de dinámica a aplicar.

Las dinámicas han sido ideadas precisamente para no orientar la misma cantidad o volumen de carga diariamente, semanalmente o de mesociclo en mesociclo, para tales efectos existe una gran variedad de dinámicas, algunas escalonadas, otras de tipo meseta con una semana de alivio o recuperación, etc.

Algunos ejemplos:

2 : 1 = 2 + 5 + 3
3 : 1 = 1 + 3 + 4 + 2
4 : 1 = 10 + 15 + 25 + 35
2 (2 : 1) = 2 + 4 + 3 + 5 + 6 + 1

2.3.- PLANIFICACIÓN DE UN MACROCICLO SEGÚN EL MÉTODO TRADICIONAL (ORIENTACIÓN POR PORCIENTOS).

Después del encabezamiento correspondiente, con los principales datos acerca del atleta o colectivo de atletas, procedemos de la siguiente manera:

1.- Cuadriculamos una hoja y en la misma situamos la cantidad de semanas con que disponemos, especificando además, los días de la semana, los meses y la dinámica a emplear.

2.- Situamos las fechas de competencias, señalando cuales serán preparatorias y cuales fundamentales.

3.- Determinamos y situamos las capacidades o direcciones a desarrollar.

4.- Señalamos los porcientos en los mesociclos. Los porcientos en los mesociclos son dispuestos a la voluntad del que planifica, debiendo respetar algunos criterios tales como, situar el 100% en el lugar donde deseamos descargar el máximo volumen en determinada dirección y que los porcientos colindantes no varíen en un rango mayor entre un 10-30%.

5.- Realizamos la sumatoria de los porcientos horizontales de los mesociclos.

6.- Establecemos el volumen total de kilómetros para todo el macrociclo, digamos 1800 kilómetros para todas las direcciones donde intervengan las carreras y después decidir de ese total cuanto destinaremos para cada dirección. Ejemplo:

- Resistencia aerobia   71% = 1278km
  (1800km × 71% ÷ 100% = 1278km)
- Resistencia de fuerza   12% = 216km
- Resistencia a la velocidad 10% = 180km
- Velocidad   7% = 126km
  Total = 1800km

7.- Determinamos la dinámica a aplicar. Se explicó con anterioridad.

En la práctica derivar la cantidad de minutos o kilómetros según la dinámica utilizada, no tiene que seguirse al pie de la letra para cada dirección dado que estaríamos sometiendo al atleta en determinada semana a esfuerzos físicos muy considerables. La dinámica, debe corresponderse en su totalidad. Veámoslo con un ejemplo en la dinámica 3:1 (10 + 30 + 40 + 20) es lo mismo que decir, 1 + 3 + 4 + 2.

DIRECCIONES	MESOCICLO III			
	SEMANAS			
	VIII	IX	X	XI
Resistencia aerobia	20	30	40	10
Resistencia de fuerza	20	40	30	10
Resistencia a la velocidad	40	30	10	20
Velocidad	10	20	30	40
Fuerza general	40	20	30	10
Flexibilidad	10	20	30	40
Sumatoria	**140**	**160**	**170**	**130**

Tabla No.9

Observemos como los crecimientos totales de cada semana se comportan similares a la dinámica seleccionada para ese mesociclo, 3 semanas elevando las cargas y una recuperatoria.

En la siguiente tabla se puede apreciar la representación de los porcientos señalados en la tabla No. 9 en kilómetros o minutos:

COLUMNAS	1	2	3	4	5	6
DIRECCIONES	%	km/ min	SEMANAS			
			VIII	IX	X	XI
Resistencia aerobia	100	201km	40	60	80	21
Resistencia de fuerza	80	35km	7	14	10.5	3.5

Resistencia a la velocidad	70	24km	9.6	7.2	2.4	4.8
Velocidad	80	16km	1.6	3.2	4.8	6.4
Fuerza general	80	193min	77	39	58	19
Flexibilidad	95	248min	25	50	75	100

Tabla No.10

¿Qué operaciones debemos realizar para alcanzar los resultados expuestos en la tabla? Los porcientos plasmados en la columna 1 se tomaron del Plan Gráfico (ver Tabla No. 12).

Los kilómetros o minutos de la columna 2, se determinaron al multiplicar la constante (k) de cada capacidad por los porcientos que le corresponden en cada mesociclo. Ejemplo para la resistencia aerobia:

RESISTENCIA AEROBIA K = 2.01							
MESOC.	I	II	III	IV	V	VI	VII	VIII
%	90	95	100	90	80	70	60	50
Km	136	191	201	181	161	140	90	75

Tabla No.11

Multiplicando la constante (k) por el porciento deseado conocemos el equivalente en kilómetros o minutos de cada capacidad en cada mesociclo. Veamos un ejemplo.
Capacidad: Resistencia aerobia
k- 2.01
Mesociclos

I- 2.01km% x 90% = 181 (136km) Como éste cálculo tiene en cuenta un mesociclo de 4 semanas y sin embargo éste mesociclo presenta sólo 3, es necesario restarle una semana dando como resultado 136km.

II- 2.01km% x 95% = 191km

De esta forma respectivamente se determina para el resto de los mesociclos.

De donde sale la constante (k)?

Se divide la cantidad de kilómetros o minutos entre la sumatoria porcentual horizontal de cada capacidad. Ver Tablas 12 y 13.

Tabla No. 12 Distribución del volumen expresado en porcientos.

Periodización	Preparatorio									Competitivo									Preparatorio				Competitivo						
Meses	ABRIL				MAYO					JUNIO				JULIO					AGOSTO				SEPTIEMBRE				OCTUBRE		
Días	2-7	9-14	16-21	23-28	30-5	7-12	14-19	21-26	28-2	4-9	11-16	18-23	25-30	2-7	9-14	16-21	23-28	30-4	6-11	13-18	20-25	27-1	3-8	10-15	17-22	24-29	1-6	8-13	15-20
Semanas	1	2	3	4	5	6	7	8	9	10	11	12	13	14	15	16	17	18	19	20	21	22	23	24	25	26	27	28	29
Mesociclo		I				II			III					IV			V				VI				VII			VIII	
Ciclaje		2:1			3:1				3:1	3:1			3:1	3:1			3:1				3:1	3:1			2:1			2:1	
R. Aerobia		90			95				100	100			90	90			80				70	70			60			50	
R. Fuerza					60				80	80			90	90			100				70	70			50			40	
R. Velocidad									70	70			85	85			90				95	95			100			80	
Velocidad					70				80	80			90	90			95				100	100			95			90	
Fza General		60			80				100	100			90	90			70				60	60			50			30	
Flexibilidad		85			100				95	95			90	90			85				80	80			70			60	
Topes																													
Competencias																													

Tabla No. 13

Direcciones	Σ	% TV	Cant/ km o min	Constante (k)
Resistencia Aerobia	635	71	1278km	2.01
Resistencia de Fuerza	490	12	216km	0.44
Resistencia de Velocidad	520	10	180km	0.34
Velocidad	620	7	126km	0.20
Fuerza General	540		1740'	3.22
Flexibilidad	665		1740'	2.61

Leyenda
Σ - Sumatoria
% TV – Porciento del volumen total
Cant/km – Cantidad de kilómetros
C/T – cantidad de minutos
k - Constante

Tabla No. 14 Conversión de los porcientos a kilómetros o minutos.

Periodización																												
Preparatorio								Competitivo									Preparatorio					Competitivo						
Meses																												
ABRIL				MAYO				JUNIO					JULIO				AGOSTO					SEPTIEMBRE				OCTUBRE		
Días																												
2-7	9-14	16-21	23-28	30-5	7-12	14-19	21-26	28-2	4-9	11-16	18-23	25-30	2-7	9-14	16-21	23-28	30-4	6-11	13-18	20-25	27-1	3-8	10-15	17-22	24-29	1-6	8-13	15-20
Semanas																												
1	2	3	4	5	6	7	8	9	10	11	12	13	14	15	16	17	18	19	20	21	22	23	24	25	26	27	28	29
Mesociclo	I			II				III				IV				V					VI			VII			VIII	
Ciclaje	2:1			3:1				3:1				3:1				3:1					3:1			2:1			2:1	
R. Aerobia	136			191				201				181				161					140			90			50	
R. Fuerza				26				35				39				44					31			22			18	
R. Velocidad								24				29				31					32			34			37	
Velocidad				14				16				18				19					20			19			18	
Fza General	193			257				322				290				225					193			161			96	
Flexibilidad	166			260				248				235				282					209			137			117	
Topes																												
Competencias																												

Tomemos por ejemplo, la resistencia aerobia.

- La sumatoria de 90 + 95 + 100 + 90 + 80 + 70 + 60 + 50 = 635
- Ya habíamos determinado otorgarle un 71% del total de kilómetros a esta capacidad que resultaba 1278 kilómetros.
- Se procede a la división de la cantidad de kilómetros por la sumatoria 635.

$k = 1278 \div 635 = 2.01$

De igual forma se determina para el resto de las capacidades.

DIRECCIONES	Σ %	Km/min	Constante (k)	Operaciones
R. Aerobia	635	1278	2.01	1278 : 635 = 2.01
R. de Fuerza	490	216	0.44	216 : 490 = 0.63
R. de Velocidad	520	180	0.34	180 : 527 = 0.57
Velocidad	620	126	0.20	126 : 620 = 0.36
Fuerza General	540	1740	3.22	1740 : 540 = 0.27
Flexibilidad	665	1740	2.61	1740 : 665 = 3.38

Tabla No.15

Ejemplo de cómo se desplosa el mesociclo III para los 4 microciclos de la Resistencia Aerobia y la Resistencia de Fuerza:

Resistencia Aerobia
201km × 20% ÷ 100% = 40km
201km × 30% ÷ 100% = 60km
201km × 40% ÷ 100% = 80 km
201km × 10% ÷ 100% = 21km

Resistencia de Fuerza
35km × 20% ÷ 100% = 7km
35km × 40% ÷ 100% = 14km
35km × 30% ÷ 100% = 10.5km
35km × 10% ÷ 100% = 3.5km

Si se tratase de alguna capacidad como es la flexibilidad que se expresa en minutos, damos los siguientes pasos:

- Multiplicamos 20min × 3 frec = 60min
  20 es el cálculo de minutos que calculamos para una unidad de entrenamiento para esta capacidad.
  3, corresponde a la cantidad de frecuencias de esa capacidad en una semana.
- Procedemos a multiplicar 60min por 29 = 1740min
  29, es la cantidad de semanas que tiene nuestro macrociclo.
- El desglose de esos 2320 minutos por los mesociclos es idéntico al aplicado a los dos ejemplos citados arriba.
  Ejemplo:
  1740min ÷ 665% = 2.61min%
  Este resultado de 3.22min% se multiplica por los porcientos que aparecen en los mesociclos del macrociclo (Tabla No.12). Ejemplo:

Mesociclos	Constante		Porciento		Resultado
I	2.61min%	×	85%	=	222 (166)*
II	2.61min%	×	100%	=	261
III	2.61min%	×	95%	=	248
IV	2.61min%	×	90%	=	235
V	2.61min%	×	85%	=	222
VI	2.61min%	×	80%	=	209
VII	2.61min%	×	70%	=	183 (137)*
VIII	2.61min%	×	60%	=	157 (118)*

*El resultado entre paréntesis es consecuencia de restar el tiempo correspondiente a una semana al contar esos mesociclos con 3 semanas.

2.4.- CONFECCIÓN DE UN PLAN GRÁFICO SEGÚN LAS CAMPANAS ESTRUCTURALES DE FORTEZA.

Para cualquier Plan Gráfico de entrenamiento, hemos apreciado que existen una serie de pasos que le son comunes, entre esos encontramos, el encabezamiento del plan a quien o a quienes se encuentra dirigido, precisar la cantidad de semanas con que disponemos hasta la competencia fundamental, ciclajes, mesociclos, etc. Las variaciones principales están dirigidas a la estructura del Plan Gráfico.

En todos los casos hay un lenguaje común, en estos momentos se encuentra de moda la definición de las Direcciones Determinantes del Rendimiento (DDR) y las Direcciones Condicionantes del Rendimiento (DCR) a lo que ya el alemán Dieter Harre en el año 1971 había hecho referencia, no obstante, Forteza de la Rosa fue más allá y ha sido un profundo investigador y estudioso del tema.

Refiriéndonos a la estructura del entrenamiento, este autor ha propuesto que en todo momento de la preparación, las DDR serán mayores que las DCR, o sea, desde el comienzo del macrociclo, comenzará sus entrenamientos recibiendo 60% del tiempo destinado a las DDR y 40% a las DCR.

Consideramos este sistema ideal para aquellos deportes que compiten durante largos períodos de tiempo o para aquellos atletas de Alto Rendimiento que compiten mensualmente e incluso varias veces en una semana, sin embargo no lo aprobamos como adecuado para alumnos principiantes dado precisamente por el predominio del trabajo especial sobre el general.

Antes de comenzar a explicar cómo se confecciona o se estructura el Plan Gráfico según las Campanas Estructurales de Forteza, debemos definir qué se entiende por DDR y DCR.

Direcciones Determinantes del Rendimiento (DDR): Constituyen el contenido de la preparación necesario para la obtención del rendimiento deportivo y que caracterizan la especialidad deportiva practicada.

Direcciones Condicionantes del Rendimiento (DCR): Constituyen el contenido de la preparación necesario que condiciona la efectividad de la preparación de las DDR y que influyen de manera inmediata en el rendimiento.

Pasos a seguir para la confección de un plan de entrenamiento según este sistema.

1.- Definir los porcientos de preparación con que van a contar las DDR y las DCR en cada mesociclo. Ejemplo:

Direcciones	Mesoc I	II	III	IV	V	VI	VII	VIII	IX
DDR%	50	60	70	80	90	80	70	90	75
DCR%	50	40	30	20	10	20	30	10	25

Tabla No.16

2.- Definir las direcciones de entrenamiento para cada mesociclo, especificando sus respectivos porcientos y cantidad en horas para cada uno. Ejemplo para el mesociclo I.

DDR (50%) = 1620 minutos
Resistencia a la velocidad   15% = 324min
Resistencia de fuerza   35% = 756min
Resistencia especial   10% = 216min
Velocidad   40% = 864min

DCR (50%) = 1620 minutos
Resistencia aerobia   40% = 648min
Flexibilidad   20% = 324min
Técnica   10% = 162min
Fuerza   30% = 486min

Los porcientos señalados en las direcciones son determinados por el entrenador que confecciona el plan, son arbitrarios y para ello pudo tener en cuenta la experiencia del macrociclo anterior.

La suma de los porcientos de las diferentes direcciones suma 100% (15 + 35 + 10 + 40). Este 100% está representando la equivalencia al 100% de las DDR de ese mesociclo.

La cantidad de minutos se desprende de la cantidad de horas asignadas a cada sesión de entrenamiento y la frecuencia semanal. Ejemplo: frecuencia semanal-6, cantidad de horas para cada sesión-3. Entonces; 3h × 6 frec = 18 horas por semana.

Como al mesociclo I, le habíamos sugerido una dinámica 2 : 1 (tres semanas), debemos multiplicar estas 3 semanas por las 18 horas lo que da un resultado de 54 horas a la semana.

Convertimos 54 horas en minutos: 54h × 60seg = 3240 minutos.

Los 1620 minutos son resultado del 50% que cada DDR y DCR posee en el mesociclo I, que es 50% para cada una.

Los mesociclos podrían quedar programados de la siguiente manera:

Mesociclos	Porcientos		Tiempo (min)		
	DDR (%)	DCR (%)	DDR	DCR	Total (min)
I	50	50	1620	1620	3240
II	60	40	2592	1728	4320
III	70	30	3024	1296	4320
IV	80	20	3456	864	4320
V	70	30	3024	1296	4320
VI	90	10	3888	432	4320
VII	70	30	3024	1296	4320
VIII	90	10	3888	432	4320
IX	75	25	2430	810	4320
Totales			26946	9734	36720

Tabla No.17

3.- Distribuir el tiempo a emplear en cada semana, teniendo en cuenta el ciclaje a utilizar.

Tomemos como ejemplo, el mesociclo II, con un ciclaje 3 : 1 (22 + 26 + 28 + 24). Tengamos presente que el ciclaje no puede ser el mismo para cada dirección, que debe acomodarse de tal manera que su sumatoria total vertical corresponda al ciclaje. Vemos un ejemplo:

Semanas			1		2		3		4	
DDR	%	Tiempo	%	min	%	min	%	min	%	Min
RV	15	389	22	86	28	109	26	101	24	93
RF	35	907	22	200	26	236	28	254	24	218
RE	10	259	26	67	28	73	24	62	22	57
V	40	1037	24	249	22	228	28	290	26	270
Total	100	2592	94	602	104	646	106	707	96	638

Tabla No.18

Corresponde ahora, precisar la cantidad de minutos a impartir en las clases o entrenamientos, para ello es importante conocer el sistema metodológico a utilizar.

El sistema metodológico ha de comprender, la cantidad de tramos a realizar, distancia de los tramos, intensidad a la que correrán y tiempo de recuperación entre las repeticiones, además de citar la capacidad o dirección que estamos desarrollando con la actividad.

Ejemplo de un sistema metodológico:

Dirección: Resistencia a la velocidad
Método: Repeticiones (7 × 2000m)
Intensidad: 85%
Recuperación: 3 min
Duración: 85.6 minutos

Como nuestro objetivo es que se comprenda bien todo el sistema metodológico, explicaremos como organizamos las ideas para impartir los 86 minutos que expresa el mesociclo II que para ese día se impartirá resistencia a la velocidad. No debemos detenernos en cuestionar si al 85% se desarrolla o no la resistencia a la velocidad en un corredor de fondo.

Supongamos que el corredor obstente como 100% en los 21km (distancia a la que se prepara), un tiempo de 1h 25min

(5100"). El 85% de ese tiempo es 5865", lo que equivaldría a realizar los tramos de 2000 metros para 9'18". Si hemos determinado un tiempo de recuperación de 3 minutos entre cada repetición, tomaría un tiempo total de 18 minutos, por lo que nos restarían 69 minutos de los 86 planificados, estos distribuidos entre los tramos de 2000m para 9'18" nos orientaría que serían 7 los tramos posibles a realizar (9'18" × 7 = 3348" que dividido por 60" da un tiempo de 65.1min y sumado a los 18 minutos de recuperación da la sumatoria de 85.6min que si bien no pudo ser exacto con lo planificado es bastante aproximado.

Nuestros criterios acerca de las Campanas Estructurales.

Como forma novedosa de organizar el entrenamiento deportivo nos resulta plausible su confección, pero no se debe aplicar a todos los niveles de preparación, supongamos que entrenamos atletas noveles con una o dos competencias en el macrociclo, entonces se encontraría sometido a cargas muy intensas desde el comienzo de este a sabiendas que muchos de ellos toman vacaciones concluido el curso escolar que los conllevaría a una considerable pérdida de la forma deportiva.

Consideramos posible planificar la preparación del deportista según este sistema para estos jóvenes, solo que realizaríamos una ligera modificación al orientar entre 30-40% del tiempo total para las DDR a comienzos del mesociclo introductorio e ir incrementando ese porcentaje a medida que avanzan los mesociclos.

No todos los deportes compiten todos los meses, algunos compiten hasta solo 2 veces en el año, entonces, ¿Por qué ser tan intensivos desde el comienzo del ciclo?

CAPÍTULO 3

Métodos de Entrenamiento

Como métodos de entrenamiento consideramos al conjunto de procedimientos disponibles para producir estímulos y adaptaciones y de su correcta combinación alcanzaremos los objetivos propuestos en el plan de entrenamiento.

Es de vital importancia que el entrenador sea capaz de precisar el origen del aporte de energía, es decir por cuál vía metabólica proviene el suministro demandado por el organismo del atleta en su especialidad deportiva y una vez caracterizada su disciplina poder orientar adecuadamente los métodos de entrenamiento precisos para tal fin.

Por otra parte, los entrenadores conocen los métodos y de hecho los aplican, sin embargo en ocasiones desconocen con precisión en que períodos del macrociclo anual son más adecuados, debiéndose a imprecisiones en el conocimiento acerca de las direcciones que han de ser desarrolladas en los diferentes períodos.

Otro aspecto muy importante es conocer en qué momento algunos de los métodos no deben ser aplicados, algunos de ellos ponen a "punto" al atleta rápidamente pero a su vez pierden esa forma deportiva igual de rápido, esto es de vital importancia.

Sin dudas, una correcta planificación de un macrociclo puede venir abajo por una incorrecta selección de los métodos.

Los métodos de entrenamiento se clasifican en continuos y fraccionados, cada uno puede verse como un conjunto de métodos.

3.1- MÉTODOS CONTINUOS

Generalidades del método continuo. Su característica fundamental es la continuidad de un esfuerzo físico y desarrolla la habilidad del organismo para funcionar durante un largo período de tiempo debido a un transporte y consumo eficiente de oxígeno. Con su aplicación el atleta no recibirá su efecto de inmediato ya que sus beneficios se reciben a largo plazo.

El método continuo es muy aplicable para casi todos los deportes en la primera parte del macrociclo anual, es decir, durante el período preparatorio, pero en los deportes cíclicos que dependen mucho del sistema de obtención de energía aerobio es aplicable durante todo el año, por supuesto con una menor utilización en las postrimerías del plan. Nos gustaría añadir que hasta no hace mucho se creyó que las carreras largas y continuas contribuían solo a perfeccionar los procesos aerobios, sin embargo la realidad ha demostrado que desarrolla también los potenciales anaerobios del corredor.

En los períodos más avanzados se explota menos el método continuo dando paso a otros métodos, pero nunca se abandona por completo, incluso las carreras regenerativas orientadas después de las grandes cargas o cuando empleamos la doble sesión de entrenamiento es uno de los más aplicables.

Cuando decidimos aplicar este método, lo primero que nos viene a la mente son las carreras continuas con el objetivo sobre todo de perfeccionar los sistemas de aportación de energía aeróbicos, ahora bien, cuando aplicamos éste, debemos tener presente dos importantes componentes de la carga: la velocidad a la cual orientaremos correr (intensidad) y la duración (volumen), qué velocidad deberá imponer el atleta será un objetivo clave de este método ya que deberá ser capaz de cumplimentar toda la

minuto. Referente al sistema de aporte de energía
drá su origen fundamentalmente en el metabolismo
olítico.

do continuo variable: Este método esta caracterizado
umplimiento de un trabajo prolongado continuo
nde la intensidad no se mantiene constante, se
los cambios de ritmos sin detenciones para las
ciones. Un ejemplo típico de este método es el
ue puede ser orientado en una pista de atletismo o
idos por bosques, subiendo y bajando colinas y en
s o caminos.

punto de vista fisiológico puede tener relación con
ntinuo y con el método de intervalos, marcando
cia de hacia qué método se inclina preferentemente
ecta a la intensidad y el volumen de trabajo. Si los
s exigidos al atleta son máximos o cercanos a este,
cerca del método de intervalos y si los cambios
a intensidad de la carrera son poco palpables al
uo.

nes el fartlek es explotado mucho en los
s, incluso es orientado en las sesiones de descanso
un trabajo de consideración, esta práctica no la
apropiada y lejos de recibir beneficios estamos
aptitud física del atleta, este método demanda
y al estado psíquico del atleta.
a su aplicación, este importante método de
puede ser orientado en cualquier periodo del
al, siendo más apropiada su explotación en el
torio.
n carreras con una duración general oscilante a
en dependencia del evento específico del atleta
ede sufrir adecuaciones, por ejemplo, para los
ediofondo será suficiente recorrer entre 4 y 9

distancia de manera tal que pueda soportar un ritmo de carrera estable, por ejemplo, si orientamos que corra 8 kilómetros a determinado ritmo y cuando recorrió 7 ya su ritmo había mermado, podemos afirmar que la intensidad orientada fue superior a la de sus posibilidades.

La intensidad de la carrera debe ser preferiblemente con una frecuencia cardiaca superior a las 130 pulsaciones por minuto (p/m) de manera que el corazón trabaje durante un período prolongado de tiempo observando que las pulsaciones no alcancen el nivel anaerobio, el que podría alcanzarse aproximadamente a las 160 p/m. Un ejemplo de trabajo según el método continuo uniforme podría ser recorrer 10 kilómetros con una frecuencia cardiaca oscilante entre 130/160 p/m, quizás en los finales de la carrera la deuda de oxígeno sea mayor debiendo estar controlada en todo momento si deseamos recibir el beneficio aerobio planificado.

Hay variadas formas o maneras de orientar la intensidad que el atleta deberá mantener para recibir el beneficio planificado, nosotros la orientamos con éxito a través de la determinación de la velocidad aeróbica máxima (VAM) la cual explicaremos detalladamente más adelante.

El método continuo aporta importantes beneficios para el organismo del atleta:

1. El trabajo de larga duración provoca una explotación más económica de sus reservas de energía.
2. Enseña al atleta a distribuir sus fuerzas.
3. Fortalece sus sistemas corporales.
4. Incrementa la capilarización.
5. Mejora la circulación sanguínea desde el corazón hasta los capilares y el retorno por las venas hasta los pulmones y corazón.
6. Eleva el consumo máximo de oxigeno (VO2max).
7. Incrementa la capacidad de trabajo aerobio.

8. Reduce el peligro de sobreentrenamiento. Las largas distancias raramente perjudican al atleta como lo hace la velocidad.

Como desventaja de la aplicación del método continuo, observamos que para ciertas especialidades no provoca demandas especiales a los músculos, como por ejemplo para el caso de los mediofondistas y kilometreros en ciclismo.

Como método cuenta también con otra desventaja palpable y es que no exige demandas especiales a los músculos trabajando sobre todo en aquellas disciplinas donde el aporte de energía demandado prioritariamente proviene de los sistemas anaerobios.

Citar ejemplos de trabajos con la aplicación del método continuo es tarea fácil, incluso para los más inexpertos, la dificultad se encuentra en la intensidad a orientar para recorrer la distancia e incluso para el volumen de kilómetros planificados.

Los métodos continuos pueden ser uniformes o variables y en función de la intensidad pueden clasificarse en extensivos e intensivos.

3.1.1.- Método continuo uniforme. Su característica principal es el elevado volumen de trabajo con intensidades medias o relativamente bajas, aproximadamente en un rango oscilante entre el 60 y el 85% de la VAM del atleta. Aunque en diversas literaturas aparece a intensidades menores, consideramos entonces que su principal beneficio sería regenerativo y no el desarrollo aeróbico.

Estas carreras uniformes no obstante, pueden ser llevadas a la práctica de manera extensiva o intensiva, diferenciándose claramente por sus intensidades y duración del trabajo.

a) Método continuo unif
de la carrera con este n
manera estable y con
términos de duración
actividades de 30 min
las 2 horas y mucho n
de fondo en ciclismo,
su intensidad oscilarí
En carreras de larg
se mejoran los siste
organismo recupera
carreras cuentan cor
de algunas horas, el
la distancia tendrá
grasas y por lo tar
reducido considera
por el método cor
el rendimiento c
respecto al gasto
se observa como
la misma intensi
En general el
goza de la ventaj
el desarrollo esc
del organismo d
la aparición d
aquella frase
intensidad y n

b) Método conti
de la carrera (
sea, son carr
y la duración
30 y 60 mi
eventos de f
las pulsacio

poi
ten
glic

3.1.2.- Mét
por el (
pero do
alternan
recupera
fartlek q
en recor
carretera

Desde el
el método co
sólo la diferen
en lo que res
esfuerzos físic
estamos muy
de ritmos de
método conti
En ocasi
entrenamiento
o posteriores a
consideramos
empeorando la
mucho al físic
Referente
entrenamiento
macrociclo anu
período prepara
El fartlek so
los 60 minutos
esta duración p
corredores de m

kilómetros moviéndose en el umbral anaerobio-aerobio, o sea, entre 130 y 180 p/m.

Durante el cumplimiento del fartlek, se alternan ciertos tramos de distancias de carreras rápidas y lentas, pudiendo además variar la distancia, su impacto en el organismo del atleta es fuerte por lo que recomendamos su utilización una vez por semana a inicios del plan hasta que alcancen no más de 3 frecuencias por semana y la cantidad de kilómetros a realizar deberá comportarse de manera parecida, comenzar con fartlek de unos 3 kilómetros e ir incrementando paulatinamente ese volumen. Destacamos la importancia de calentar bien antes de comenzar su aplicación e incluir una vez concluido una carrera de recuperación a trote lento.

Durante la realización del fartlek, los aportes de energía aerobio y anaerobio se alternan por lo que el ácido láctico que se produce y libera continuamente provocará la aparición de la fatiga al inhibir y enlentecer este ácido las enzimas que facilitan las reacciones metabólicas aeróbicas.

Como método, el fartlek puede ser utilizado para casi todas las especialidades deportivas y cuando se aplica en específico a corredores, presenta la desventaja que imposibilita el sentido del paso del atleta y también la dificultad que se presenta para la dosificación del trabajo, máxime cuando se trate de un grupo de atletas bajo la misma tutela.

Tipos de fartlek: A partir de su aplicación por primera vez y hasta la fecha ha ido sufriendo variantes que a nuestro modo se va acomodando según los requerimientos del entrenador para la disciplina que entrena. Algunos de los tipos de fartlek aplicados en la actualidad son los siguientes:

a) Fartlek Líder: Idóneo para aplicar en entrenamientos con un cierto número de atletas, consiste en una carrera en la que cada integrante del grupo comandará el ritmo cierto tramo de distancia. En este tipo de trabajo, los atletas son responsables de protagonizar ciertas escapadas del grupo, preferiblemente en distancias no superiores a los 200 metros aunque puede depender del estado de preparación que en el momento de la aplicación gocen, por lo que en la medida que el macrociclo avanza su cumplimiento, estas escapadas pudieran incrementar la distancia.

La intensidad que deberán imponer los líderes oscilará entre el 80 y el 90% de la VAM. Como desventaja a su utilización observamos que para ciertos atletas los ritmos impuestos por ciertos líderes le son imposibles de mantener.

b) Fartlek especial: Se trata de un trabajo que alterna además de los juegos de velocidades propios del fartlek, ejercicios de ABC de las carreras sin realizar detenimientos de la marcha. Un ejemplo típico de este trabajo es recorrer 600 metros con determinada intensidad y de pronto comienzan a realizar trote elevando muslos a una distancia de 40 metros, continúan corriendo otros 100 metros a trote poco intenso, correr 300 metros a ritmo intenso, realizan carrera lateral 50 metros y así sucesivamente.

c) Fartlek control: Para este tipo de fartlek, el entrenador ha de controlar adecuadamente el tiempo a realizar en las distancias, tanto en las partes corridas rápidamente como en las partes más lentas. Para lograr esto ha de tomar por ejemplo, el mejor tiempo del atleta en 1000 metros, en este caso, las carreras rápidas podrían ser recorridas en un tiempo aproximado al 70-80% de su mejor marca en esa distancia y para la carrera lenta, correrla a un ritmo entre el 40-60%. Las carreras lentas deben cubrir el doble de la distancia de la carrera rápida porque es preciso controlar la recuperación para que la frecuencia cardiaca no se incremente más de lo debido.

3.2.- MÉTODOS FRACCIONADOS.

Los métodos fraccionados se caracterizan por la alternancia entre las cargas y las recuperaciones, es decir, después de cada tramo de distancia o tiempo de ejecución de determinada actividad proseguirá un intervalo de descanso.

El objetivo fundamental de los descansos o recuperaciones no es más que para permitir que el organismo del atleta pueda soportar trabajos a elevadas intensidades que a través del método continuo no hubiese podido vencer.

Cuando aplicamos este método, las recuperaciones pueden ser completas, aunque se sugiere sean incompletas pero lo suficiente para que el atleta pueda repetir el esfuerzo realizado anteriormente, o sea, que comience cada tramo de distancia con cierta deuda de oxígeno, por supuesto que los síntomas de fatiga se irán acrecentando mientras el trabajo progresa. Cuando estamos tratando con atletas noveles o con muy poco rendimiento físico, las recuperaciones deben ser mayores.

Las recuperaciones entre tramos pueden realizarse caminando o trotando a ritmo lento, esperando que la frecuencia cardiaca descienda hasta 120-130 por minuto, durante el trabajo deberá aproximarse a las 170-180 p/m. Este método desarrolla la capacidad anaerobia del atleta.

Es importante destacar que una vez concluido el tramo, durante las recuperaciones, el atleta no debe detenerse y mucho menos acostarse en el terreno o pista, es cierto que le provocará un retorno más rápido de la frecuencia cardiaca al nivel inicial, pero no eliminará más rápidamente el ácido láctico presente en sus músculos, por ello lo más indicado es realizar carreras lentas.

Entrenamiento de intervalos: Es un ejemplo típico de un método fraccionado y presentan tres variables que lo caracterizan adecuadamente;

a) Intensidad y distancia del intervalo de trabajo.

b) Número de repeticiones. Variará en dependencia de si los intervalos de trabajo son rápidos o lentos por lo que la cantidad de repeticiones estará sujeta a la intensidad de la carrera.

c) La intensidad o distancia de la carrera de recuperación entre las repeticiones.

Intensidad y distancia del intervalo de trabajo.

En el entrenamiento contemporáneo los intervalos han sido divididos en 2 variantes, intervalos extensivos e intensivos, en los extensivos o lentos se repite el trabajo con una intensidad menor que el de la competencia con la indicación de intervalos cortos de descanso para que la recuperación sea incompleta, más bien se encuentra dirigido al fortalecimiento del sistema cardiovascular y aumento de la capacidad aeróbica. Un ejemplo de este tipo de intervalo para un corredor de 1500 metros con un tiempo de 4'04", podría ser la realización de 2 × 2000m para 7'35" con 200-300m de trote o mantenerse trotando lento hasta que la frecuencia cardiaca alcance o se aproxime a las 130 p/m. Durante el esfuerzo para vencer la distancia, la frecuencia cardiaca debe acercarse a los 180 latidos por minuto.

Otros tramos de distancias que se aprecian comúnmente en los intervalos extensivos son las repeticiones de 4 × 800m, 4 × 1000m y 4 × 3000m.

En la variante de los intervalos intensivos, el énfasis recae en el desarrollo de la velocidad y la resistencia especial del atleta, aquí los intervalos de trabajo son incluso más rápidos que los empleados en la competencia y la distancia a recorrer es menor, es necesario un tiempo mayor para las recuperaciones, un ejemplo para este mismo atleta con 4'04" en 1500m podría ser la aplicaciones de 1-2 series de 3 × 500m para 1'20" con un trote recuperatorio entre tramos de 400m. La frecuencia cardiaca durante el tramo debe ser superior a las 180p/m y después de concluida la recuperación aproximadamente 130p/m.

También pueden realizarse trabajos interválicos muy cortos tales como 10-20 × 100m o 10-20 × 200m.

Número de repeticiones

La cantidad de repeticiones varía en dependencia del tipo de intervalo seleccionado, extensivo o intensivo.

Importantes aspectos a considerar en la aplicación de los intervalos.

En la aplicación de los intervalos, extensivos o intensivos, la exigencia en los tramos de carrera debe crecer progresivamente, las primeras sesiones deberán ser fáciles de realizar para el atleta y el monitoreo por parte del entrenador debe ser individual para cada corredor asegurando con ello que cada uno reciba los beneficios del método y la orientación de este trabajo no debe superar las 2 frecuencias por semana.

Los intervalos extensivos es mejor orientarlos en las primeras etapas del macrociclo y los intervalos intensivos en el período competitivo debiendo prestar esmerada atención acerca de cuándo utilizar este último, todo debido a que tiene la particularidad de aportar beneficios muy rápidamente utilizándolo bien cerca de la competencia, presenta una desventaja, no logra mantener el rendimiento alcanzado durante un tiempo prolongado.

Otra dificultad en la aplicación del método de intervalos se presenta cuando el entrenador tiene bajo su tutela un grupo de atletas con diferentes niveles de aptitud física, una adecuación le será necesaria para la realización de estos entrenamientos, nosotros aplicábamos con éxito una división del grupo en 3 partes, digámosle grupos 1, 2 y 3, el grupo número 1 iniciaba el trabajo mientras los grupos 2 y 3 descansaban, después el grupo 2 corría mientras el 1 y 3 descansaban y cuando descansaban 1 y 2 entonces corría el 3, los descansos que tomaban estos grupos después del tramo de carreras representaban una relación trabajo-descanso 1:2 permitiéndoles que la frecuencia cardiaca en la recuperación retornara a niveles adecuados antes de que les correspondiera correr el siguiente tramo.

La aplicación del método de intervalos en el microciclo semanal debe ser cuidadosamente orientado, no debiendo situarse tras algún trabajo fuerte ni situar alguno de similar característica después de éste, todo debido a que el intervalo fatiga mucho el sistema nervioso central y el atleta queda muy debilitado, es mejor utilizarlo entre días de trabajos "fáciles".

Algunos consejos a tener presentes en la aplicación del trabajo de intervalos son los siguientes:

a) Realizar un calentamiento general correcto, debiendo alcanzar el atleta unas 120p/m.
b) Después de corrido el tramo en el intervalo, observar que la frecuencia cardiaca oscile las 175-180p/m.
c) Esperar a alcanzar 120-130p/m antes de emprender un nuevo tramo de carrera.

Método de repeticiones.
Este método consiste en la realización de repeticiones de una misma actividad una considerable cantidad de veces, la longitud de las carreras pueden ser menores, igual o mayor que la distancia de competencia y las recuperaciones entre las repeticiones deberán ser suficientemente grandes para que la frecuencia cardiaca pueda descender hasta las 100p/m evitando la deuda de oxígeno y la fatiga.

La intensidad durante el vencimiento de la distancia del tramo deberá permitir alcanzar pulsaciones cercanas a 180p/m.

Para recibir el efecto del método de repeticiones ha de tenerse en cuenta las siguientes variables:

a) La longitud de los intervalos de trabajo.
b) La intensidad de la carrera.
c) La cantidad de repeticiones.
d) Tiempo y forma de re la recuperación.

La longitud de los intervalos de trabajo: Si la longitud seleccionada es mayor que la distancia competitiva, la intensidad será mucho menor que esta, si los intervalos de trabajo utilizan la misma distancia, serán corridos a una menor intensidad y si son menores a la distancia competitiva se correrán a una velocidad superior. Cuando la distancia del intervalo de trabajo es mayor que la de la competencia, la capacidad de resistencia del atleta mejorará, por esa razón es mucho mejor indicada su aplicación durante el período preparatorio.

La intensidad de la carrera: Dado que la intensidad de la carrera orientada en el método de repeticiones es muy elevada, máxima o casi máxima, será posible solo la ejecución de unas pocas repeticiones y si deseamos que la intensidad en cada tramo sea repetida, las recuperaciones entre ellas deberán ser suficientemente grandes. A tal efecto es posible la elaboración de tablas de intensidades teniendo en cuenta el mejor tiempo del atleta para la distancia. Ejemplo, supongamos que el mejor tiempo de un atleta en 1000m sea 2'50".

Intensidades	100%	95%	90%	85%	80%	75%	70%	65%	60%
Tiempo (min)	2'50"	2'58"	3'07"	3'15"	3'24"	3'32"	3'41"	3'49"	3'58"

Cantidad de repeticiones: Si los trabajos o actividades son duraderos, digamos tramos de 3000 ó 4000m, las repeticiones no podrán ser muchas, lo contrario a cuando se orientan tramos de 400m, además todo va dependiendo del evento del atleta. La cantidad de repeticiones estará sujeta a los objetivos programados referente a la intensidad. En trabajos duraderos, digamos distancias de 30, 40 o 50km de contrareloj en ciclismo, el volumen de trabajo no debe ser superior ni siquiera igual a la competitiva, sin embargo si se tratase de atletas de mediofondo en atletismo o un especialista de los 1000m en ciclismo, el volumen de trabajo puede ser superado hasta en unas 6 veces aproximadamente.

Tiempo y forma de la recuperación: La recuperación tras el tramo de trabajo debe ser trotando e incluso caminando, pudiendo al final hasta acostarse en el terreno o pista, está suficientemente probado que en la posición de acostado la frecuencia cardiaca cae más rápidamente que trotando, pero hay que tener presente que el ácido láctico alcanzado durante los trabajos, cuando trotamos se remueve más fácilmente, además de que permite mayor cantidad de oxígeno y nutrientes a los músculos.

Método de modelaje.

Según Bompa el entrenamiento modelado es una variedad del entrenamiento de repeticiones donde las sesiones de trabajo se dividen en 3 partes y en las primeras repeticiones que deben ser más cortas que la distancia de competencia, la intensidad sería igual o mayor que la utilizada en la misma. Un ejemplo según el autor, para un corredor de 1600m con tiempo de 4'20" es el siguiente:

1. Realizar 2 × 400m para 63-64". Continuar con la recuperación del organismo hasta que la frecuencia alcance las 140p/m.
2. Realizar 1-2 × 1000m para 2'55"-3'00". Recuperación idem al anterior.
3. Realizar 2-3 × 200m para 30-31". Después de la realización del primer tramo de 200m, la recuperación consiste antes de comenzar el segundo tramo en un trote de 100m.

Otro criterio acerca del método modelado lo ofrece Yakimov:

1. La recuperación entre los tramos de distancias recorridos debe ser muy corta de manera tal que la frecuencia cardiaca descienda solo unas 15 p/m.
2. En la medida que se orientan los intervalos estos deben disminuir su longitud.
3. El primer intervalo debe ser igual o ligeramente más corto que la mitad de la distancia de competencia.
4. El tiempo empleado en los intervalos debe encontrarse cercano o mejor que el mejor tiempo del atleta en la distancia.

Un ejemplo citado por el autor para un corredor de 800m con una marca de 1'50" es el siguiente:

a) Realizar un tramo de 400m para 55". Para la recuperación contamos con dos opciones, descansa 20 segundos o esperar a que la frecuencia cardiaca descienda unas 15p/m.

b) Realizar un tramo de 200m para 26". La recuperación aquí puede contar con 3 opciones, descansa 10 segundos o aplica cualquiera de las dos opciones mencionadas en el inciso anterior.

c) Realizar un segundo tramo de 200m para 28".

Observe que la suma de los tiempos realizados en los diferentes tramos da un total de 1'49".

El método modelado es aplicable preferiblemente en períodos competitivos dado que las carreras deben cubrir la distancia competitiva en esfuerzos considerables. Para que ejerza los efectos deseados en el organismo y como hemos apreciado en los ejemplos anteriores, debe cumplir ciertos principios tales como considerar una recuperación entre tramos muy corta y que, el tiempo exigido en los tramos deberá estar cercano o mejor que la del atleta en la distancia competitiva.

Nosotros consideramos sin embargo que este método puede aplicarse también en períodos anteriores al competitivo, por supuesto, teniendo en cuenta distancias inferiores, sería más bien para ir insertando la intensidad escalonadamente durante todo el ciclo de entrenamiento. Al respecto en la literatura se encuentran criterios detractores y partidarios.

Cuando aplicamos el método modelado, como los esfuerzos en los tramos son muy exigentes, pueden afectar el estado de ánimo del atleta, siendo esta una desventaja del método.

Método de competición y control.
Este método encuentra su basamento en que las intensidades en las ejecuciones son máximas, se requiere que la distancia a correr sea la distancia de competencia para esperar un óptimo resultado y por otro que exista una atmósfera competitiva ya que es preciso demandar en el atleta cierto stress emocional.

Capítulo 4

La Velocidad Aeróbica Máxima

La velocidad aeróbica máxima (VAM) es un importante parámetro fisiológico al permitirnos precisar a la velocidad que un individuo está corriendo con la mayor intervención o aporte de energía del metabolismo aerobio, es una manera muy útil de controlar y evaluar el entrenamiento.

Para determinar la VAM se han elaborado pruebas tanto de laboratorio como de terreno (campo), el primero aporta información muy precisa pero es un servicio caro, el segundo es más inexacto pero barato y aplicable con éxito, no requiere apenas alguna inversión.

Un protocolo muy aplicable es mediante una prueba de velocidad progresiva hasta que el individuo alcance su frecuencia cardiaca máxima y una vez obtenida esta, afirmamos que se ha obtenido la VAM.

La prueba de velocidad progresiva consiste en recorrer tramos de 400 metros a velocidades previamente acordadas, cada vez que el sujeto recorre 400 metros, registramos su frecuencia cardiaca, esta acción se repite consecutivamente hasta que el atleta haya alcanzado la frecuencia cardiaca máxima. La manera de obtener los datos podría ser de dos formas: a) Utilizando un cardiofrecuencímetro (pulsómetro) donde el propio atleta cada vez que sobrepasa la línea de 400m lo acciona y al final recogemos los datos, o nos informa verbalmente la frecuencia cardiaca para nosotros registrarla y b) A falta de este útil medio, realizando detenciones, cada 400m el sujeto se detiene le tomamos su frecuencia cardiaca en 10 segundos la que luego multiplicamos por 6 para calcularla por minutos.

Un factor muy importante y que ayuda mucho al sujeto a mantener un ritmo estable, es estableciendo marcas en la pista cada 50m, los que se harán corresponder con el tiempo preestablecido a realizar cursándole aviso por medios electrónicos o con un simple silbato. Por ejemplo, si orientamos que recorra el primer tramo de 400m en dos minutos, el tiempo preestablecido para esa vuelta sería de 30seg para el primer tramo de 50m, 60seg para el segundo, 1'30" para el tercero y así sucesivamente, nosotros nos limitamos fundamentalmente a mirar el cronómetro y cada vez que marque 30seg, 60seg, etc., accionamos el silbato debiendo el sujeto ajustar el paso según a la distancia que se encuentre de la marca, si se encuentra distante debe apurar el paso y viceversa en caso contrario.

La prueba de velocidad progresiva culmina con la obtención de la frecuencia cardiaca máxima la cual es alcanzada cuando el atleta a pesar de continuar incrementando el ritmo de carrera, no es capaz de incrementar sus pulsaciones o porque no pueda continuar incrementando el ritmo de carrera.

Para comenzar a prestablecer los tiempos a realizar en cada 400m, es preciso determinarlos adecuadamente de manera que se ajusten a su capacidad física tratando además que en total la prueba tarde no menos de 10 minutos.

Un ejemplo de protocolo para sujetos que llevan poco tiempo preparándose físicamente podría comenzar con el registro de 3 minutos en el primer tramo de 400m, a partir de ahí, a cada vuelta se le exige 4 segundos menos, es decir para el segundo tramo correspondería un registro de 2.56seg y así sucesivamente. Un ejemplo se muestra en la siguiente tabla:

C/T	T/P	Marcas (minutos y segundos)							
		1	2	3	4	5	6	7	8
1	3'00"	22.5	45"	1'07"5	1'30"	1'52"	2'15"	2'37"	3'
2	2'56"	3'22"	3'43"	4'06"	4'28"	4'49"	5'12"	5'34"	5'55"
3	2'52"	4'17"	4'39"	5'	5'22"	5'43"	6'04"	6'26"	6'48"
4	2'48"	7'09"	7'30"	7'51"	8'12"	8'33"	8'54"	9'15"	9'36"
5	2'44"	9'56"	10'16"	10'37"	10'58"	11'18"	11'39"	11'59"	12'19"
6	2'40"	12'40"	13'	13'20"	13'40"	14'	14'20"	14'40"	15'
7	2'36"	15'19"	15'39"	15'58"	16'18"	16'37"	16'57"	17'16"	17'36"
8	2'32"	17'33"	18'14"	18'33"	18'52"	19'11"	19'30"	19'49"	20'08"
9	2'28"	20'26"	20'45"	21'03"	21'22"	21'40"	21'59"	22'17"	22'36"
10	2'24"	22'54"	23'12"	23'30"	23'48"	24'06"	24'24"	24'42"	25'
11	2'20"	25'17"	25'35"	25'52"	26'10"	26'27"	26'45"	27'02"	27'20"
12	2'16"	27'37"	27'54"	28'11"	28'28"	28'45"	29'02"	29'19"	29'36"
13	2'12"	29'52"	30'09"	30'25"	30'42"	30'58"	31'15"	31'31"	31'48"
14	2'08"	32'04"	32'20"	32'36"	32'52"	33'08"	33'24"	33'40"	33'56"
15	2'04"	34'11"	34'27"	34'42"	34'58"	35'13"	35'29"	35'44"	36'

C/T- Cantidad de tramos T/P- Tiempo preestablecido para cada
tramo de 400m

La tabla debe contener una cantidad de tramos superior a la
que consideremos el atleta podrá alcanzar, no puede pasar que
el atleta se encuentre apto para continuar y la tabla no registre
el tiempo para más tramos.

En la tabla se muestran los tiempos que debe ir realizando
el sujeto según la parte que transita, por ejemplo y guiándonos
por la misma, el tiempo que debe estar registrando al pasar por
la marca de los 1400m es de 8 minutos y 12 segundos.

Suponiendo que el sujeto haya alcanzado la frecuencia
cardiaca máxima en el tramo 10, registramos sus tiempos
realizados con su correspondiente frecuencia cardiaca, la que
puede quedar de la siguiente forma:

Columnas				
1	2	3	4	5
C/T	400m	1000m	Km/h	F/C
1	3'	7'30"	8'	124
2	2'56"	7'19"	8.17	128
3	2'52"	7'10"	8.35	136
4	2'48"	7'	8.56	148
5	2'44"	6'49"	8.78	157
6	2'40"	6'40"	9	163
7	2'36"	6'30"	9.21	170
8	2'32"	6'19"	9.46	179
9	2'28"	6'10"	9.72	188
10	2'24"	6'	9.97	197
11	2'20"	5'49"	10.26	197

C/T- Cantidad de tramos   F/C- Frecuencia cardiaca

Para comprender mejor, expondremos de donde salieron los datos expuestos en cada columna con sus respectivas operaciones matemáticas.

Columna No.1- Se refiere a la cantidad de palier o vueltas a la pista que realizó el atleta.
Columna No.2- Tiempos planificados que se le orientó al atleta correr.
Columna No.3- Tiempo de la columna No.2, expresado en minutos por kilómetro.

Ejemplo:

3'00" en 400m = 180 segundos
1000m × 180seg ÷ 400m = 450seg
450seg ÷ 60' = 7.5
Es necesario multiplicar .5 × 60 para que el resultado 7.5 quede expresado en minutos y segundos. 0.5 × 60 = 30
El resultado sería, 7'30" el kilómetro.

Columna No.4- Velocidad expresada en km/h.

Columna No.5- En esta columna se plasmaron las frecuencias cardiacas obtenidas al cruzar cada 400m.

Tomando como 100%, la frecuencia cardiaca máxima obtenida, procedemos a la determinación de los niveles de la VAM del atleta.

NIVELES	% VAM	F/C
Aerobio regenerativo	-65	-128
Aerobio extensivo	65-70	128-138
Aerobio medio	70-75	138-148
Aerobio intensivo	75-85	148-167
Mixto	85-100	167-197
Láctico extensivo	110-115	
Láctico intensivo	115-145	

Los datos expuestos en la tabla anterior se desprenden de las siguientes operaciones:

Frecuencia cardiaca máxima obtenida en la prueba: 197 por minuto

$197 \times 0.65 = 128$
$197 \times 0.70 = 138$
$197 \times 0.75 = 148$
$197 \times 0.85 = 167$
$197 \times 100 = 197$

Podemos para determinado entrenamiento, orientar la intensidad de la carrera por km/h en vez de por la frecuencia cardiaca, cuando así se determine, debemos tener presente algunas observaciones útiles, por ejemplo, si planificamos una carrera para el 75% de la VAM, correspondería una frecuencia cardiaca de 148 por minuto y una velocidad de desplazamiento de 8.56km/h, si decidimos guiarnos por la velocidad, tenemos que estar atentos a su frecuencia cardiaca la cual ha de oscilar por 148, sostenido el ritmo, observamos que su frecuencia cardiaca no se corresponde con sus pulsaciones y digamos registra 168, es señal que no se encuentra en óptimas condiciones físicas ese día, quizás por exceso de la carga el día anterior. Lo más seguro es trabajar por la frecuencia cardiaca aunque cuando se hace según la velocidad de desplazamiento nos aporta una idea sobre su condición física.

CAPÍTULO 5

Los Sistemas de Obtención de Energía y sus Métodos de Entrenamiento.

- El adenintrifosfato (ATP).
- Metabolismo
  a) Alimentación antes de la competencia
  b) Alimentación durante la competencia.
  c) Alimentación después de la competencia.

- Sistemas metabólicos de obtención de energía.
  a) Sistema anaerobio aláctico.
  b) Sistema anaerobio láctico.
  c) Sistema aerobio.

- El umbral anaerobio.
- Fatiga y sistemas de energía.

El ATP.

El ATP se encuentra integrado por un importante complejo: una base de adenina y tres grupos fosfatos. Es importante para el entrenador conocer de donde proviene esta energía y como es utilizada por el organismo para poder orientar correctamente los entrenamientos según el sistema metabólico de obtención de ese ATP que se desea priorizar.

En el organismo humano encontramos 3 principales aportadores de ATP; el sistema ATP-CrP (creatinfosfato), el sistema del ácido láctico o glucolítico y el sistema aerobio.

¿Cómo trabajan estos sistemas metabólicos? Para responder la pregunta es necesario precisar cómo llega el ATP al músculo.

Los músculos necesitan energía para contraerse, la cual obtienen de la hidrólisis del ATP.

$$ATP + H2O \rightarrow ADP + Pi + energía$$

Pero la cantidad de ATP en el músculo sólo permite unas cuantas contracciones durante un tiempo aproximado entre 1 y 3 segundos en esfuerzos de máxima potencia, si deseamos que el ATP no falte, tendría que existir un equilibrio entre la velocidad a que se utiliza y consume y la de reabastecimiento, si esto no sucede así, el gasto de energía (ATP) es superior al que puede ser suministrado, perdiéndose la potencia máxima alcanzada. Para mantener los niveles homeostáticos de ATP, compuestos ricos en fosfatos presentes en el músculo serán utilizados como es el creatinfosfato.

$$ADP + CrP \rightarrow Cr + ATP$$

La principal función de la unión del ADP con la creatina fosfato con la resultante de creatina más ATP, es para que la hidrólisis del ATP mencionada más arriba no se detenga.

Todo esto acontece una vez que comenzamos la actividad física y en dependencia de por cual vía será suministrado el ATP (según la intensidad del ejercicio), este puede ser a través del metabolismo anaeróbico o aeróbico, correspondiendo la mayor potencia al primero y la mayor capacidad al segundo, o sea, puede estar presente o no el oxígeno, todo en dependencia de la intensidad de realización de la actividad física, que de ser intensa la resíntesis de ATP dependerá de las reacciones anaerobias y si existe suficiente oxígeno disponible, los niveles de ATP demandados por los músculos en acción serán repuestos por las reacciones aerobias.

Anteriormente expresábamos que se podía utilizar el compuesto creatinfosfato para reponer ATP, pues existe otro sistema anaeróbico que también es capaz de aportar ATP: el sistema metabólico glicolítico, o sea, sin la presencia de oxígeno, estos dos sistemas son capaces de proporcionar ATP.

Metabolismo

El metabolismo comprende todos los procesos que tienen capacidad de desintegrar y sintetizar, por ende, hemos de llegar a la conclusión que comprende todas las reacciones del organismo, es el máximo responsable de garantizar toda la energía que se necesita, pudiendo obtenerla de los alimentos que ingerimos, hidratos de carbono, grasas y proteínas al ser desintegrados.

El organismo del atleta para obtener la energía necesaria al comenzar la ejercitación física o una carrera, cuenta con dos sustratos muy importantes, vitales para su desempeño, el glucógeno y los triglicéridos, el primero es utilizado por el sistema metabólico anaerobio si no hay insuficiente oxigeno y el segundo a través del sistema metabólico aerobio. Cuál vía o ruta metabólica seleccionará el organismo para aportar el ATP demandado dependerá de la existencia o no de oxígeno.

La manera en que son utilizados estos sistemas de obtención de energía en los corredores sobre todo de largas distancias es descrito a grosso modo de la siguiente manera: cuando comenzamos la carrera, en las células no hay suficiente disponibilidad de oxígeno para metabolizar los triglicéridos (las grasas), por ello el organismo utiliza algún sustrato que para producir energía no necesite la presencia de oxígeno, correspondiendo entonces tal responsabilidad a la glucosa y/o glucógeno hasta tanto transcurra el tiempo necesario para la activación del siguiente sistema metabólico, el aerobio, que utiliza como sustrato a las grasas.

En el caso de las disciplinas atléticas de fondo, se alcanza un punto en que el metabolismo no podrá continuar aportando energía desde el metabolismo aerobio y comenzará a contribuir en ese aporte cada vez más creciente el metabolismo anaerobio, específicamente el glicolítico que como se conoce produce además, ácido láctico, sustancia que a la larga impedirá a los músculos continuar expresando el rendimiento que hasta ese momento se había alcanzado dada la creciente fatiga que se presentará. Esta situación se da generalmente en las postrimerías de la competencia, por esa razón los entrenamientos de estas especialidades estarán encaminados a lograr la utilización de las grasas el mayor tiempo posible.

Teniendo en cuenta la desagradable situación que acontecerá en la condición del atleta a cuentas de la baja disponibilidad de substratos, actualmente muchas investigaciones encaminan sus esfuerzos al comportamiento y beneficio de la alimentación en el rendimiento del atleta. Muchos atletas no conocen qué deben ingerir antes, durante o después de la competencia para rellenar los depósitos de glucógeno, esperar elevados rendimientos o para recuperarse rápidamente.

a) Alimentación antes de la competencia: La alimentación apropiada del atleta se encuentra estrechamente ligada a su capacidad, esta jugará un rol determinante tal y como lo es el entrenamiento. Debe prestarse atención a la alimentación durante la fase de preparación durante el cumplimiento del macrociclo y la que debe llevarse a cabo los días antes de las competiciones y precisar también la que se va a seleccionar horas antes de la misma.

El corredor de largas distancias, dada la duración de los entrenamientos, depleta o casi depleta diariamente los depósitos de glucógeno y parte de las grasas, por tal motivo es importante que estos depósitos cuenten con la posibilidad de poder ser repletados nuevamente, para lograr este propósito la alimentación ha de ser rica en carbohidratos e ingerir proteínas dado que estas posibilitan que las actividades enzimáticas no disminuyan su capacidad de reacción o pierdan velocidad. Debemos mantener los depósitos de glucógeno llenos porque de llegar vacíos o parcialmente disminuidos antes de la competencia, los rendimientos se verán comprometidos tempranamente en la carrera.

La ingestión de hidratos de carbono (carbohidratos) antes de la competencia es la acción mejor indicada, una vez alcanzado el intestino, estos alimentos se convierten en monosacáridos (glucosa, fructosa y galactosa) los que alcanzarán la sangre y viajando por esta llegan al páncreas, órgano encargado de liberar la hormona insulina que permite el transporte de estos al interior de las células musculares y que impide con su presencia la movilización de ácidos grasos.

Los carbohidratos ingeridos antes de la competencia también serán muy útiles para prevenir la hipoglicemia y con ello la fatiga, toda vez que en el torrente sanguíneo habrá suficiente disponibilidad de energía y no existirá razón para que el organismo emplee alguna vía más costosa de obtención de substratos para la obtención de ATP, pero mucho cuidado con lo que orientamos ingerir al atleta, hemos visto en infinidad de ocasiones a atletas ingiriendo beverages con glucosa con el objetivo de preservar mayor tiempo el glucógeno, esto sería útil quizás en el intermedio de los dos tiempos que existen en algunos deportes tales como el fútbol, baloncesto y voleibol, pero nunca en uno de resistencia de larga duración, la razón es que al ingerir glucosa, en tiempo relativamente corto, alcanza el torrente sanguíneo, encargándose de transportarla el páncreas al producir insulina para facilitar la entrada de este substrato en las mitocondrias, este es un momento en que el atleta estará corriendo muy confortablemente pero al existir mucha insulina, el proceso de glucogenólisis se verá afectado y también inhibirá la movilización de ácidos grasos.

b) Alimentación durante la competición.

La aparición de la fatiga correlaciona perfectamente con el agotamiento de los depósitos de glucógeno y por tal motivo se intenta "ahorrarlo" y acelerar la aparición del empleo de las grasas. Ha sido sugerido que algunas tazas de café antes de la arrancada son muy útiles para permitir esto, pero algunas otras consideraciones han de tenerse en cuenta y que no serán muy agradables por cierto, una de estas es que en el café se encuentra presente una sustancia conocida como cafeína, la que el Comité Olímpico Internacional (COI) traspasados ciertos límites de su presencia en sangre, la considera como una sustancia doping con la consiguiente descalificación y otra consideración a tener en cuenta es que el café es un magnífico diurético, el que estará exigiendo constantemente la evacuación de líquido con la molestia resultante, por tal motivo se sugiere que el atleta ensaye, modele su modo de actuación ante la ingestión de café en los entrenamientos.

Transcurrido algún tiempo de carrera, la hormona glucagón será la que predominará su presencia en sangre, esta es antagonista con la insulina, pues conociendo en qué momento circula en sangre es posible ingerir ciertas cantidades de glucosa al impedir que la insulina se libere con facilidad en el torrente sanguíneo, pero no puede ser en abundantes cantidades porque la glucosa en exceso impide la lipólisis.

Otra consideración a tener en cuenta es la cantidad de glucosa que se ingerirá, si la tomamos de golpe, no tuvimos en cuenta la dificultad que tiene el estómago de evacuar grandes cantidades de azúcares, máxime si la intensidad de la carrera es muy intensa, por tal razón se recomienda ingerir glucosa en una concentración aproximada al 2.5% en un volumen líquido de 100 a 400 mililitros a una temperatura oscilante entre los 8 y los 12 grados Celsius.

c) Alimentación después de la carrera.

Resulta muy satisfactorio, suministrarle al atleta 100 gramos de glucosa inmediatamente concluida la carrera, esto permite dar paso al metabolismo de los carbohidratos e impedir que continúe el de las grasas.

Sistemas metabólicos de obtención de energía.

a) Sistema de producción anaerobio aláctico.

En los músculos, además del ATP, dijimos que existe otro compuesto, el creatinfosfato, gracias a la enzima fosfofructoquinasa (CPQ) permite la reacción con el ADP para volver a formar ATP, esta enzima, una vez que comienza la actividad física, juega parte importante en el proceso de resíntesis de ATP y lo hace mientras en los músculos pueda encontrarse CrP, de lo contrario no podrá mantener los esfuerzos de potencia máxima mas allá de los 10-15 segundos. El agotamiento del CrP estará o no comprometido en dependencia de la intensidad a la cual se está realizando el esfuerzo físico.

Una vez detenida la actividad o esfuerzo físico que exigía del sistema energético aláctico, los esfuerzos que predominarán serán aerobios por lo que el suministro o aporte cada vez mayor de ATP estará dependiendo ahora de la fosforilación oxidativa, encaminada primero que todo a restituir el CrP agotado durante la ejercitación.

El CrP será repletado al cesar la actividad física, pero también es posible tal reposición al cesar el trabajo que lo estaba depletando y se pase hacia una actividad aerobia.

Para entrenar el sistema de obtención de energía aláctico, es indispensable que el entrenador conozca o tenga en cuenta qué deportes son los que poseen las magnitudes más elevadas de potencia anaerobia aláctica, entre los que se pueden citar los deportes de combate, el baloncesto, voleibol y en las carreras de distancias cortas en el atletismo.

La potencia máxima de este sistema se observa en aquellas ejercitaciones físicas que exigen una intensidad máxima con una duración oscilante entre los 5 y 10 segundos y ha de tenerse en cuenta el tiempo en que las reservas de CrP se restablecen, de 2 a 5 minutos.

Conociendo la potencia máxima del sistema aláctico y el tiempo de recuperación de las reservas musculares perdidas, el entrenamiento deportivo para desarrollarlo tendrá que estar orientado al agotamiento mayor posible de estas reservas, lo que es muy fácil de lograr con un número considerable de repeticiones con una duración entre los 10 y 15 segundos de trabajo con una intensidad aproximada al 95% de las posibilidades del atleta. Se alcanza un momento que a pesar de haber otorgado los tiempos de recuperación necesario para el repletamiento de las reservas de CrP, los músculos del organismo no podrán continuar con los rendimientos mostrados y exigidos por el entrenador, esto se debe a la incrementada presencia de ácido láctico en la sangre que disminuye la velocidad de la enzima fosfofructoquinasa.

Podríamos ahora preguntarnos, como es posible que el sistema anaerobio aláctico, como su propio nombre lo expresa, que no produce ácido láctico, sea precisamente este mismo metabolito el que no le permita continuar ejerciendo su trabajo. Tengamos presente que no existe producción de ATP exclusivamente desde un sistema metabólico, cuando se hace referencia a uno en particular, lo que indica es que ese es el predominante, el resto de los procesos de obtención de esa energía continúan trabajando pero a escalas muy inferiores, entonces, el ácido láctico creciente en sangre y músculos proviene de las pequeñas cantidades que el sistema anaerobio láctico iba produciendo y en la medida que el trabajo avanzaba, su presencia iba entorpeciendo cada vez más las reacciones enzimáticas necesarias del sistema anaerobio aláctico.

Por esta razón, en los trabajos de repeticiones, la acumulación de ácido láctico se hace insostenible entre la 6ta y 10ma ejecución, momento en el que de continuar la actividad, el trabajo dejaría de poseer un carácter anaerobio aláctico para convertirse en uno anaerobio mixto.

Teniendo en cuenta los criterios de potencia máxima y recuperación del sistema anaerobio aláctico, citaremos un ejemplo de cómo desarrollar este sistema en una unidad de entrenamiento destinada a contribuir el desarrollo de la rapidez, cuya cualidad depende también de la técnica de carrera, fuerza de los músculos, rapidez de los procesos nerviosos, capacidad de irrigación de los músculos y de la cantidad de fosfágenos en el músculo y la velocidad de su resíntesis.

Supongamos que aplicaremos los siguientes principios metodológicos para el entrenamiento planificado de la rapidez:

Intensidad del ejercicio: 95-100%
Distancia de la carrera: 60 metros
Cantidad de series: 4
Cantidad de repeticiones por serie: 3
Descanso entre repeticiones: 3 minutos
Descanso entre series: 10 minutos

Tomemos como ejemplo un corredor que cuente como su mejor marca 7.4 segundos en los 60 metros.
Determinamos el 95% de 7.4seg = 7.7seg
En la exigencia del tiempo a realizar en cada tramo el tiempo debe oscilar entre 7.7 y 7.4seg (95-100%)
Trabajo orientado: 4 x 3 x 60m con los tiempos de recuperación entre repeticiones y series expuestos más arriba.
Resultados del trabajo realizado por el atleta:

1ra serie. 1er tramo, 7.6seg
            2do tramo, 7.4seg
            3er tramo, 7.6seg
2da serie. 1er tramo, 7.6seg
            2do tramo, 7.5seg
            3er tramo, 7.9seg
3ra serie. 1er tramo, 8.0seg

Interpretando los resultados:

Mientras los músculos contenían suficiente CrP, el atleta cumplía con uno de los principios metodológicos del desarrollo de la rapidez, que la intensidad oscilara entre el 95 y el 100% de sus posibilidades máximas, alcanzado cierto momento, en la tercera repetición de la segunda serie el tiempo que registró era inferior al 95% requerido, señal de que la repleción de CrP no fue suficiente, nosotros como observadores de todo lo que acontece durante la unidad de entrenamiento, podemos incrementar el tiempo de recuperación entre la segunda y tercera serie, si aún planificándola de esta forma, el atleta comienza registrando en el primer tramo un tiempo inferior al 95%, nos indica que no podrá continuar el trabajo a cuentas del sistema anaerobio aláctico y de por dicha razón ha de concluir el entrenamiento, de continuar, el atleta podría realizar muchos más tramos, pero ya no sería a cuentas de este sistema, estaría contribuyendo mucho el sistema anaerobio láctico.

b) Sistema de producción de energía anaerobio láctico.

Comenzada la actividad física, el aporte de ATP a los músculos procede del sistema energético aláctico, pero transcurridos aproximadamente 10 segundos este sistema comenzará a perder velocidad en sus reacciones comprometiendo el suministro de energía demandada en los músculos trabajando, entonces el sistema anaerobio láctico se estimula y se responsabiliza del aporte de ATP ya que sobre los 30 segundos de trabajo se convierte en el principal suministrador de energía, pudiendo entonces el organismo continuar realizando esfuerzos comprendidos entre los 2 y 2'30 segundos aproximadamente.

El sistema anaerobio láctico se conoce además con el nombre de sistema glicolítico debido a que el suministro de energía que es capaz de aportar depende de los substratos utilizados: glucosa y glucógeno, proceso que libera además de energía, ácido láctico.

La potencia máxima de este sistema para las actividades físicas se encuentra entre los 20 y 30 segundos y su capacidad que es mucho mayor que la del sistema aláctico, permite mantener la potencia máxima entre los 30 segundos y los 2 minutos y 30 segundos, o sea, si deseamos la presencia de transformaciones glicolíticas, los esfuerzos físicos deben contar con una duración entre los 30 segundos y los 2min y 30seg y si el descanso es grande, permitirá reproducir el efecto deseado.

Si los descansos no son suficientes, el organismo del atleta no podrá realizar muchas repeticiones dada la fatiga cada vez más creciente y por lo tanto, estaremos exigiéndole al sistema glicolítico su velocidad máxima de producción de energía con la consiguiente producción cada vez mayor de ácido láctico. Entre las respuestas fisiológicas más significativas del entrenamiento anaeróbico láctico podemos citar las siguientes:

- Depleción de glucógeno
- Incremento de la producción de CO_2
- Incremento de la hemoconcentración
- Incremento de la acidez metabólica
- Incremento de la presencia de hormonas conocidas como catecolaminas.

El sistema glicolítico se encuentra limitado por su propia producción de ácido láctico, que entorpecerá cada vez en mayor proporción su funcionamiento.

Un entrenamiento a través de carreras para el mejoramiento de este sistema es la realización de 3 x 3 x 300m con un descanso breve entre las repeticiones (un minuto) y grande entre las series (15 minutos). Con el descanso breve entre las repeticiones se logrará el incremento de ácido láctico y con el descanso grande entre las series se garantizará repetir el efecto nuevamente.

Este sistema ocupa un importantísimo lugar en aquellos entrenamientos de resistencia a la velocidad y entre las disciplinas deportivas que exigen de su perfeccionamiento encontramos a los que necesitan de una gran potencia anaerobia glicolítica tales como el ciclismo de pista, polo acuático, hockey y las carreras de 400m y medio fondo en el atletismo.

c) Sistema de producción de energía aerobia.

Cuando el predominio de aporte de ATP al músculo trabajando procede de la fosforilación oxidativa, comúnmente se le conoce como sistema aerobio. Este sistema al igual que los ya citados, cuenta también con su potencia y capacidad. La potencia máxima se alcanza aproximadamente entre los dos primeros minutos después de comenzado el esfuerzo físico pudiendo mantenerse hasta una duración oscilante entre los 14 y los 29 minutos, tiempo a partir del cual la potencia comenzará a decrecer lentamente siendo un rasgo distintivo de ésta y las potencias, ya que las potencias alácticas y lácticas lo hacen rápidamente.

Existe una tendencia para elevar la potencia aerobia de mantener el consumo máximo de oxigeno (VO2max) en ejercicios con una duración comprendida entre los 3 y 6 minutos, o sea, si sometemos al organismo a un régimen variable, obligándolo a ponerse en marcha y a detenerse y repetir esto una y otra vez, lo estamos perfeccionando.

CAPÍTULO 6

Operaciones Matemáticas Útiles
Para El Entrenador

Este capítulo no se encuentra orientado para los entrenadores experimentados, ha sido elaborado fundamentalmente para aquellos que se auto entrenan y no cuentan con la experiencia para ciertos cálculos, imprescindibles para aplicar en los entrenamientos. Hemos seleccionado lo que a nuestro juicio serían las operaciones matemáticas más utilizadas para el entrenamiento de las capacidades físicas.

- Un atleta se dispone a realizar tramos de una distancia de 1000 metros para el 70% de su velocidad crítica obtenida en una prueba de 5000 metros donde estableció un registro de 15'50".
  a) Procedemos a determinar la velocidad crítica (Vcr).
  V = S ÷ T
  V= 5000m ÷ 15'50" = 5000m ÷ 950" = 5.26m/s
  b) Determinamos el 70% de la velocidad crítica.
  5.26m/s × 70% ÷ 100% = 3.68m/s
  c) Procedemos a determinar qué tiempo debe realizar en los tramos de 1000 metros.
  T = S ÷ V

1000m ÷ 3.68m/s = 271.73seg
271.73seg ÷ 60seg = 4'31"

Los tramos de 1000m se recorrerán a un ritmo de 4'31"

- Un corredor realiza un volumen de 500km en el año que culmina de resistencia aerobia y deseamos incrementarle esta capacidad en un 35% para el nuevo año.
500km × 35% ÷ 100% = 175km
500km + 175km = 675km

El kilometraje para el nuevo año para la Resistencia aerobia será de 675km.

- Un atleta cumple en un macrociclo de 51 semanas un total de 102km de resistencia a la velocidad y para el próximo macrociclo contamos con 54 semanas, además queremos adicionarle un 13% del volumen (de 102km).

a) Procedemos a determinar el promedio de kilómetros por semana.
102km ÷ 51 semanas = 2
b) Multiplicamos el promedio por la nueva cantidad de semanas que estamos proponiendo.
2 × 54 semanas = 108km
c) Procedemos a determinar el 13% del kilometraje que estamos proponiendo.
108km × 13% ÷ 100% = 14.04km
d) Sumamos el resultado obtenido del 13% de 108km con la cantidad de kilómetros propuestos para el nuevo macrociclo.
14.04km + 108km = 122km

El nuevo macrociclo contará con 122 kilómetros para la resistencia a la velocidad.

- Supongamos que un atleta recorrió 25km a una velocidad de 4.15m/s. ¿Qué tiempo haría en 42.195m en caso que pudiese mantener esa velocidad?
  T = S ÷ V
  T = 41195m ÷ 4.15m/s = 10167.469seg
  Llevamos ese resultado a horas: 10167.469 ÷ 3600seg = 2h49min.

- Si un atleta hace un tiempo de 1'20" en 400m, qué tiempo haría en 1000m de poder mantener esa velocidad.
  1min 20seg = 80 segundos
  80seg × 1000m ÷ 400m = 200seg
  200seg = 3min20seg
  El atleta registraría un tiempo de 3min 20seg en los 1000m.

- Un atleta recorre 21km a una velocidad de 3'30" por kilómetro.
  a) ¿Qué tiempo haría en los 21 kilómetros?
  b) ¿Qué tiempo hubiese realizado de continuar a esa misma velocidad hasta los 42,195metros?

  V = S ÷ T
  V = 1000m ÷ 3'30" = 1000m ÷ 210seg = 4.76m/s
  a) T = S ÷ V
     T = 21000m ÷ 4.76m/s = 4411.7647 ÷ 3600 = 1h13min
  b) T = 42195 ÷ 4.76m/s = 8864.4957 ÷ 3600 = 2h27min

- Un atleta hizo una marca de 29'08" en una carrera de 5000 metros. ¿Cómo determinamos el tiempo que puede hacer en 400 metros si corre a esa misma velocidad?
  V = S ÷ T
  V = 5000m ÷ 1748seg = 2.86m/s

T = S ÷ V

T = 400m ÷ 2.86m/s = 139.86seg

Dividimos este resultado por 60 segundos para llevarlo a minutos:

139.86seg ÷ 60seg = 2'19"

Tendría que correr a 2'19" la distancia de 400 metros.

- Un corredor realiza un tiempo de 2h49min en 42,195m. ¿Qué porciento representa de 2h40min?

2h40m × 100% ÷ 2h49min = 9600seg × 100% ÷ 10140seg = 94.6%

2h49min representará el 94.6% de 2h40min

Si fuese lo contrario y deseáramos precisar qué porciento representa 2h40min de 2h49min, realizamos la siguiente operación:

10140seg × 100% ÷ 9600seg = 105.6%

- ¿Cómo expresar 6.95m/s a km/h?

S = V × T

S = 6.95m/s × 3600seg ÷ 1000m = 25km/h

- Si un corredor registra una velocidad de 6.25 millas por hora durante 12 minutos, cuál sería su desplazamiento en metros por minuto.

6.25mph × 1609m ÷ 60seg

10056.25 ÷ 60seg = 167.6 metros por minuto

- Durante el macrociclo de entrenamiento, en ocasiones orientamos una prueba a una distancia determinada y registramos el tiempo realizado, con este dato podemos determinar qué tiempo pudo haber realizado en una distancia inferior.

Conociendo que en 1000m hizo un tiempo de 3min 10seg, qué tiempo le correspondería a una distancia de 400m?

T400m = T1000m × Dd ÷ Dp = 190seg

190seg × 400m ÷ 1000m = 1min16seg
Dp – Distancia de la prueba
Dd- Distancia deseada

- Supongamos que conocemos que un corredor pudo vencer una distancia determinada a una velocidad de 5.13m/s. Si deseamos conocer qué tiempo haría en 3000m de poder mantener ese ritmo, qué tiempo realizaría.

$$T = S \div V$$
$$T = 3000m \div 5.13m/s = 9min44seg$$

- Si sabemos que un atleta mantuvo una velocidad de 8.45km/h, que tiempo haría en 1000m. Para solucionarlo, es posible por cualquiera de las siguientes formas:

a) 1000m × 3600seg ÷ 8450m = 426.0355 ÷ 60seg = 7min 06seg

b) 3600seg ÷ 8450m = 0.426 × 1000m = 426.0355 ÷ 60seg = 7min 06seg

- Si queremos saber el porciento de velocidad en los entrenamientos, respecto al resultado mostrado en las competencias, utilizamos la siguiente fórmula:

$$\%I = VE \div VC \times 100$$

Donde %I representa el porciento de intensidad, VE representa la velocidad mostrada en los entrenamientos y VC corresponde a la velocidad a la cual corrió en la competencia.

Ejemplo: Supongamos nuestro atleta cuente como su mejor marca en 800m un registro de 2min 16seg, le orientamos que realice una determinada un tramo de esa misma distancia para un tiempo determinado. ¿Qué porciento representará el realizado en el entrenamiento (2min 36seg) respecto a su mejor registro personal?

2min 16seg = 136seg
2min 36seg = 156seg
%I = 156seg ÷ 136seg × 100%
= 5.12m/s ÷ 5.88m/s × 100% = 87%

- ¿Cómo calcular la intensidad de una carrera de 400m si deseamos que el atleta recorra la distancia al 85% de su mejor marca? Mejor marca en 400m, 53seg.
  53seg × 100% ÷ 85% = 62seg = 1min 02seg

- El cálculo de un recorrido y el tiempo en un circuito de carrera.

Casi siempre los entrenamientos con nuestros atletas o estudiantes que realizan la educación física son llevados a cabo en lugares fijos, o sea, en la pista o en determinada área seleccionada para ese fin, además, conocemos con exactitud las medidas de los recorridos que rutinariamente empleamos año tras año cuando les orientamos correr cierta distancia para el desarrollo de la resistencia o para carreras recuperativas, sin embargo, es posible trasladarnos hacia un terreno nuevo o desconocido para atenuar la monotonía de las largas carreras de resistencia al encontrar un nuevo paisaje, entonces encontramos una nueva dificultad, no conocemos cuánto mide ese posible terreno o circuito que vamos a establecer, hay entrenadores que prefieren evitar dificultades optando por orientar correr por minutos, pero cuando así se hace, no logrará saber cuántos kilómetros realmente recorrieron.

Nosotros utilizamos cierto recurso muy práctico y no es inventiva nuestra, logramos medir el circuito y además determinar el ritmo de intensidad a la que deseamos que lo recorran. Supongamos que sea un paraje tupido, con trillos o sin ellos y recovecos por doquier, procedemos a su medición.

Utilizamos una bicicleta con odómetro y le damos la vuelta caminando de no ser posible hacerlo montado en ella, al final nos aportará la medición total, por supuesto esa sería la mejor y más fácil opción, pero supongamos que no tenemos ese útil implemento de medición, entonces procedemos a realizar lo siguiente, en cualquier parte de una de las ruedas le colocamos una cinta adhesiva, un pedazo de esparadrapo u cualquier otra marca y comenzamos a darle la vuelta al circuito contando las veces que la rueda da vueltas, una vez alcanzado el punto de partida, supongamos que contamos 643 vueltas a la rueda, dato que debemos multiplicar por la medición de la rueda por su parte exterior de la goma, si la circunferencia midió 193cm, entonces multiplicamos ambos resultados:

643 × 193cm = 124099cm

Como sabemos que un metro son 100cm, entonces dividimos este dato entre 100 y de esta forma nos aporta el resultado en metros:

124099 ÷ 100cm = 1240.99 metros

Ya conocemos que nuestro improvisado circuito mide 1241 metros.

Otro escollo que se nos puede presentar es la determinación sobre a qué velocidad o ritmo ha de emplear en el mismo.

Tomemos como ejemplo, que deseamos que recorra el circuito a un ritmo de 12km/h;

1241m × 3600seg ÷ 12km/h = 372.3

372.3 ÷ 60seg = 6min 12seg

Deberá emplear un tiempo de 6min12seg para recorrer cada vuelta al circuito.

Sabemos cuánto mide el nuevo recorrido y a qué ritmo deseamos que lo recorra, faltaría precisar la cantidad de vueltas que deberán dar nuestros atletas para permanecer corriendo durante una hora.

1h = 3600seg

3600seg ÷ 372seg = 9.677 vueltas

37seg se deriva de llevar 6min12seg a segundos.

El atleta o grupo de atletas deberán correr entre 9 y 10 vueltas ya que la medición de 677 metros no se encuentra marcada en el circuito.

GLOSARIO

- Ácido láctico: Producto del metabolismo anaerobio, su producción se incrementa cuando los músculos se contraen a una velocidad mayor que la habilidad que poseen para utilizar el oxígeno.
- Capacidad: Posibilidad del metabolismo para sostener la producción de energía alcanzada durante el mayor tiempo posible.
- Hamstrings: Grupo de músculos integrados por el bíceps femoral, semitendinoso y semimembranoso.
- Metabolismo aerobio: Producción de energía en la que el suministro de oxígeno es suficiente respecto a la que demandan las células.
- Metabolismo anaerobio: Suministro de energía proveniente de reacciones químicas en las que no interviene el oxígeno.
- Potencia muscular: Habilidad de los músculos para aplicar una fuerza en contra de una resistencia con elevada velocidad en la contracción.
- Resistencia a la fuerza: Habilidad de los músculos para continuar trabajando en contra de alguna resistencia, retardando la aparición de la fatiga tanto tiempo como sea posible.
- Resistencia a la velocidad: Habilidad para mantener elevada velocidad en la que se encuentran involucrados los sistema metabólicos aláctico y láctico.
- Umbral anaerobio: Intensidad del ejercicio en la que el nivel de difusión del ácido láctico en el torrente sanguíneo

excede la velocidad a la que es removido. Los programas para desarrollar el umbral anaerobio orientan intensidades comprendidas entre el 60-90% de la velocidad máxima del atleta con una frecuencia cardiaca oscilante entre las 150-170 pulsaciones por minuto.

- VO2max.: Cantidad de oxígeno que puede utilizar un atleta en un trabajo máximo, también se le conoce como capacidad aeróbica. Se encuentra determinado por la cantidad de oxígeno asimilado por kilogramo de peso del cuerpo por minuto.

- Potencia: Cantidad de energía que es capaz de producir nuestro metabolismo en una unidad de tiempo.

BIBLIOGRAFÍA

- Alvarez del Villar, Carlos. *La preparación física del fútbol, basada en el atletismo.* Editorial Gymnos. Madrid. 1987, pp.197-199, 215-216, 228-232, 241-276, 292-297.
- Barrios Recio, J., Ranzola Ribas, A. *Manual para el deporte de iniciación y desarrollo.* Editorial Deportes, 1998
- Billat V., Sirvent P., Koralsztein J.P., Mercier J. *The concept of maximal lactate steady state: A bridge between biochemistry, physiology and sport science.* Sports Med. 2003, 33 (6): 407-426
- Bompa T. *Theory and methodology of training.* Debuque: Kendall/Hunt. 1983
- Forteza de la Rosa, Armando. *Planificación por Direcciones del Entrenamiento deportivo con el diseño de las Campanas Estructurales.* PubliCE Standard 01/03/2004. Pid:263
- Garcia Manso, J. Manuel; Navarro Valdiviezo, Manuel; Ruiz Caballero, J. Antonio. *Bases teóricas del entrenamiento.* Editorial Gymnos. Madrid. 1996, pp.249-255, 324-341, 265-270, 274-275, 280-284, 292-293.
- García Verdugo, M. Leibar X. *Entrenamiento de la resistencia de los corredores de medio fondo y fondo.* Editorial Gymnos. 1997
- Guyton A.C. *Tratado de Fisiología Médica. Tomo I. Edición Revolucionaria,* sexta edición, 1989. Capitulo 11. Contracción del músculo esquelético, pp.146-164
- Hegedus, J. *Entrenamiento deportivo.* Stadium. Buenos Aires. 1985, pp.181-194, 203-206, 217-234

- Hoof, J.; Helgerud J. *Maximal strength training improves aerobic endurance performance.* 2002, Vol.12 (5): 288-295
- Lapinski, Ray. *A variation of distance running training.* M.A.C. 1988, Vol.26 (2): 14-17
- Martin, David E. *Training and performance of women distance runners: A contemporary perspective.* New Studies in Athletics. 1990, Vol.5 (2): 45-68
- Matviev, Leonid. *Periodización del entrenamiento deportivo.* Editorial Paidotribo. 1995
- Menshikov V.V.; Volkov N.I. *Bioquímica.* Editorial Vneshtorgizdat, Moscu, 1990. Capítulo 17. Bioquímica de los músculos y de la contracción muscular. pp.290-304
- Numekivi, Ants. *Hill training revisited.* Track Technique. 1977, No.78: 2157
- Paish, Wilf. *The development of strength and power.* New Studies in Athletics. 1992. Vol.7 (2): 45-54
- Prives M., Lisenkov N, Bushkovich V. *Generalidades del aparato locomotor. Anatomía Humana.* Editorial MIR, Moscu. Tomo I, p.265, 1984
- Schroder W. *Power development problems.* M.A.C. 1985, Vol.23 (3): 20
- Sinelnikov R.D. *Atlas de Anatomía Humana.* Editorial MIR, Tomo I, 1984
- Weineck, J. *Entrenamiento óptimo.* Hispano-Europea. 1992
- Yakimov A. *Middle and long distance training methods.* Track Technique. Vol.83: 2633-2637. 1981
- Zintl, F. *Entrenamiento de la Resistencia.* Martínez Roca. Barcelona. 1981